WINKLER
WELTLITERATUR
WERKDRUCK
AUSGABE

Charles Lamb

Eine Abhandlung über Schweinebraten

und andere Essays

Winkler Verlag München

Aus dem Englischen übertragen von
Walther Föhl und Herbert Appeltshauser,
mit einem Nachwort von Walter Föhl
ISBN 3-538-06011-8

Winkler Verlag München 1965; Neuausgabe 1984.
Schutzumschlagentwurf: Meike Harms, unter Verwendung eines Gemäldes von P. Bruegel d.Ä., Schlaraffenland.
München, Alte Pinakothek. Foto: Blauel/Artothek.
Gesamtherstellung: Friedrich Pustet,
Regensburg. Printed in Germany.

Zueignung
an den geneigten und verständigen Leser

der diese Blätter so auffaßt, wie sie gemeint sind, der durchaus nicht alle bedeutungsschwer und buchstäblich nimmt, sondern ihnen das leichte Gewicht von Tischgesprächen zubilligt, der die Willkür und unvermeidliche Skizzenhaftigkeit der ursprünglichen Gedanken hingehen läßt und Worte nicht nachträgt, die von ungefähr nach dem vierten Glase fielen.

Der Autor wünscht dem Leser (und sich selbst) viele treue Freunde, die ihm beistehen, gute Bücher, die ihn trösten, glücklichen Ausgang aller rechtschaffenen Vorhaben und eine günstige Deutung auch seiner unüberlegtesten Worte und Taten.

Die anderen Leser (und er hofft, daß ihrer recht viele dieses Buch ebenfalls kaufen werden) grüßt er mit der trockenen Einladung Timons von Athen: „Schlagt auf! Nun leckt, ihr Hunde!“ Und er entläßt sie mit der selbstgewissen Sicherheit des Philosophen: Ihr grübelt vergeblich über den Fall

ELIA

7. Dezember 1822

ALTES PORZELLAN

Ich habe eine beinah weibliche Schwäche für altes Porzellan. Wenn ich in ein vornehmes Haus komme, frage ich zuerst nach dem Porzellankabinett und dann nach der Bildergalerie. Ich kann mir die Reihenfolge meiner Neigungen nur dadurch erklären, daß wir alle die eine oder andere Vorliebe haben, die zu alt ist, als daß wir uns noch genau zu erinnern vermöchten, wie und wann sie zu uns kam. Das erste Schauspiel und die erste Ausstellung, zu der man mich mitnahm, kann ich mir ins Gedächtnis rufen; aber ich weiß nicht mehr, zu welcher Zeit Vasen und Schalen in meine Vorstellungswelt eingegangen sind.

Damals hatte ich keine Abneigung – warum sollte ich sie heute haben? – gegen jene kleinen, willkürlichen, azurgetönten, wunderlichen Figuren, welche als „Herren“ und „Damen“ daherschweben, losgelöst von jedem bestimmbaren Element, in einer vorperspektivischen Welt – auf einer chinesischen Teeschale.

Diese meine alten Freunde, welche die Entfernung nicht verkleinern kann, betrachte ich gern als luftwandelnde Gestalten (so erscheinen sie unseren Augen), die aber immer noch der *terra firma* zugetan sind, als welche wir höflicherweise jenen Fleck dunkleren Blaus ansprechen wollen, den der gewissenhafte Künstler, um Ungereimtheiten zu vermeiden, unter ihren Sandalen aufblühen ließ.

Ich liebe diese Herren mit den Gesichtern von Frauen und die Damen mit – wenn möglich – noch weiblicheren Gebärden.

Hier ist ein junger, höfischer Mandarin, der auf einem Tablett einer Dame Tee anbietet – über zwei Meilen hinweg. Wie der Abstand den Respekt betont! Und hier steigt dieselbe Dame oder eine andere – denn Ähnlichkeit ist Gleichheit auf Teetassen – in ein kleines Märchenboot, das am diesseitigen Ufer des stillen Gartenflusses wartet; sie hebt zögernd ihren anmutig gebogenen Fuß, der sie unweigerlich nach dem rechten Winkel, den er beschreibt (wie die Winkel unserer Welt nun eben sind), in die Mitte einer blumigen Wiese tragen wird, eine Achtelmeile weiter fort auf die andere Seite desselben seltsamen Flusses!

Etwas entfernter – wenn Weite oder Nähe in ihrer Welt Gültigkeit haben – sieht man Pferde, Bäume, Pagoden und ländliche Tänzer.

Hier: eine liegende Kuh und ein kauerndes Häschen, und beide gleich groß; so erscheinen halt alle Dinge unter dem durchsichtig-leuchtenden Himmel des schönen Kitai.

Neulich in der Dämmerstunde erklärte ich meiner Kusine bei unserem Hyson (wir sind so altmodisch, diesen grünen Tee immer noch nachmittags ungemischt zu trinken) einige solcher *speciosa miracula* auf einem herrlichen Service alten blauen chinesischen Porzellans (einer Neuerwerbung), das wir zum ersten Male benutzten. Ich konnte nicht umhin zu sagen, wie gütig uns das Schicksal in den letzten Jahren gewesen sei, da wir es uns leisten könnten, unser Auge zuweilen mit Spielereien solcher Art zu erfreuen – als der Schatten einer flüchtigen Empfindung die Stirn meiner Gefährtin zu verdunkeln schien. Ich entdecke meistens schnell solche Sommerwolken bei Bridget.

„Ich wünschte, die guten alten Zeiten kämen einmal wieder", sagte sie, „als wir noch nicht ganz so wohlhabend waren. Ich meine nicht, daß ich arm sein möchte. Aber es gab einen gewissen mittleren Zustand", so beliebte es ihr fortzufahren, „in dem wir uns ganz bestimmt viel glücklicher fühlten. Ein Kauf ist jetzt nur ein Kauf, weil du Geld genug dafür hast und mehr noch übrigbleibt. Früher war jeder Einkauf ein freudiges Abenteuer. Wenn wir nach irgendeinem bescheidenen Luxusgegenstand trachteten (oh, wie sehr hatte ich mich jeweils anzustrengen, deine Zustimmung zu erlangen!), pflegten wir zwei oder drei Tage zu überlegen und das Für und Wider abzuwägen und zu bedenken, was wir dafür einsparen und womit wir einen Ausgleich schaffen könnten. Ein Gegenstand war erst wert, gekauft zu werden, wenn wir den Preis fühlten, den wir bezahlen mußten.

Denkst du noch an den braunen Anzug, der in

Falten an dir herunterhing, bis alle deine Freunde Schande riefen über dich, so fadenscheinig war er geworden – und alles wegen dieses Foliobandes von Beaumont und Fletcher, den du spät in der Nacht von Barker in Covent Garden heimschlepptest? Erinnerst du dich, wie wir ihn wochenlang beäugten, bevor wir uns zum Kauf entschlossen, wie wir den Entschluß erst an einem Samstagabend gegen zehn Uhr faßten und du dich von Islington aufmachtest vor lauter Sorge, du könntest zu spät kommen, und wie der alte Buchhändler ärgerlich brummend seinen Laden aufschloß, weil er gerade ins Bett gehen wollte, und mit flackernder Kerze das kostbare Stück unter seinen staubigen Schätzen herausleuchtete – und wie du es nach Hause trugst mit dem Wunsche, es wäre zweimal so unhandlich, wie du es mir entgegenhieltest und wir nachprüften, ob es vollständig sei (du nanntest es ‚kollationieren'), und daß ich gleich einige lose Blätter mit Klebstoff befestigen mußte, weil du in deiner Ungeduld nicht bis zum nächsten Morgen warten wolltest? War es da etwa kein Vergnügen, arm zu sein? Oder verschafft dir der gepflegte schwarze Anzug, den du jetzt trägst und den du, seitdem wir feine Leute wurden, sorgfältig aufbügeln läßt, auch nur die Hälfte jener ehrlichen, eitlen Genugtuung, mit der du dich damals in dem abgetragenen Stück dem Volke stolz zeigtest, in diesem altersgrünen Leichenbitterrock, den du vier oder fünf Wochen länger anzogst, als du eigentlich wolltest, nur um dein Gewissen zu beruhigen über die gewaltige Summe von fünfzehn, oder waren es sogar sechzehn Schillingen? Jedenfalls hielten wir es für ein kleines Vermögen, das du für den verstaubten Folioband geopfert hattest. Jetzt kannst du dir jedes Buch leisten, das dir gefällt; aber ich finde nicht, daß du mir heute noch einmal einen hübschen alten Fund nach Hause bringst . . .

Und wie du heimkamst mit zwanzig Entschuldigungen für die Kosten jenes Kupferstiches nach Leonardo da Vinci, den wir ‚Lady Blanch' tauften; und wie du auf das Blatt starrtest und an das Geld dachtest – und an das Geld dachtest und wieder auf das Bild schautest: war es nicht doch vergnüglich, arm zu sein? Heute brauchst du nichts weiter zu tun, als zu Colnaghi zu gehen und einen Haufen Leonardos zu kaufen. Aber tust du es denn? Und ach – erinnerst du dich an unsere hübschen Spaziergänge nach Enfield und Potter's Bar und Waltham, wenn wir einen freien Tag hatten – Ferientage und andere Erholungen kennen wir auch nicht mehr, seit wir reich sind –, und an den kleinen Handkorb, in dem ich unsere Tagesverpflegung, appetitlichen Salat und kalten Hammel, verstaute? Und wie du zur Mittagszeit umherspähtest nach einem erträglichen Gasthaus, wo wir einkehren und unser Mitgebrachtes auspacken konnten, nur gegen Bezahlung des Bieres, das du ja bestellen mußtest; und wie wir auf die Blicke der Wirtin achteten, ob sie geneigt sei, uns ein Tischtuch zu gewähren; und wie wir uns eine ähnlich rechtschaffene Gastgeberin wünschten, wie sie Isaak Walton so oft auf seinen Angelfahrten an den reizenden Ufern des Lea beschrieben hat; und manchmal erwiesen sie sich entgegenkommend, mitunter aber blickten sie uns höchst mißbilligend nach. Wir jedoch wechselten verständnisvolle Blicke untereinander und ließen uns das einfache Mahl gut schmecken, ohne Sehnsucht nach ‚Piscators Forellen-Palast‘.

Wenn wir uns heute einen Tag lang vergnügen wollen, was übrigens recht selten vorkommt, dann fahren wir den größten Teil des Weges, gehen in ein gutes Restaurant, wählen das Beste von der Karte und denken nicht an den Preis – was alles schließlich nicht halb so ergötzlich ist wie jene zufälligen Picknicks, bei denen wir der Gunst des Augenblicks und einem ungewissen Willkomm ausgesetzt waren.

Jetzt bist du zu stolz, ein Schauspiel anders als vom Parkett aus anzusehen. Denkst du noch daran, wo wir gesessen haben, als wir ‚Die Schlacht von Hexham‘ und ‚Die Übergabe von Calais‘ und Bannister und Frau Bland in ‚Die Kinder im Walde‘ sahen? Als wir unsere Schillinge stückweise zusammensuchten, um uns drei- oder viermal in der Spielzeit einen billigen Galerieplatz zu leisten, wobei du ständig meintest, daß du mich eigentlich nicht dorthin hättest mitnehmen sollen, und ich mich dir gegenüber noch dankbarer fühlte, weil du mich mitgenommen hattest. Und wurde das Vergnügen nicht erhöht durch diese kleine Verlegenheit? Was kümmerten wir uns um unseren Sitzplatz, wenn der Vorhang aufging und unsere Gedanken bei Rosalinde in Arden oder bei Viola am illyrischen Hofe weilten? Du sagtest immer, die Galerie sei der beste Platz, wenn man ein Stück in der Menge genießen wolle; ihr Vergnügen an dem Schauspiel stehe im Verhältnis zur Seltenheit ihrer Besuche, denn die Leute, die wir dort oben anträfen, seien meist keine Leser von Dramen und daher gezwungen, um so schärfer aufzupassen – wie sie auch wirklich voll Eifer die Ereignisse auf der Bühne verfolgten, weil ein verlorengegangenes Wort eine unmöglich aufzufüllende Kluft aufriß.

Damals beschwichtigten wir unseren Stolz mit solchen Betrachtungen. Aber ich frage dich, ob ich als Frau dort oben weniger Zuvorkommenheit und Bequemlichkeit fand als jetzt auf einem der teueren Plätze des Theaters? Hineinzukommen und die unbequemen Treppenhäuser hinaufgedrängt zu werden war freilich schlimm genug, doch die Gesetze der Höflichkeit gegenüber Frauen werden hier mindestens genauso beachtet wie an jeder anderen Einlaßtür. Und wie die kleinen Schwierigkeiten das Entzücken über die eroberten Plätze und das Spiel hinterher erhöhten! Heute brauchen wir nur immer Geld hinzulegen und hineinzugehen. Du kannst, wie du nun behauptest, von der Galerie aus nichts mehr sehen. Damals sahen und hörten wir gut genug; jedoch die Schärfe unserer Augen und alles andere ist mit unserer Armut entschwunden.

Es war eine Lust, Erdbeeren zu essen, ehe sie jeder kaufte, die ersten Erbsen, solange sie noch teuer waren, als etwas Besonderes bei einem guten Abendessen zu haben. Was könnten wir uns nun Besonderes gönnen? Wollten wir uns einen Leckerbissen leisten – das heißt einen Leckerbissen, der über unsere Mittel ginge –, so wäre das nur selbstsüchtig und sündhaft. Ich meine mit dem besonders Feinen, das wir uns damals gestatteten, jenes bißchen mehr, das über den Alltag eines wirklich Armen hinausgeht, wenn zwei Menschen, die so zusammenleben, wie wir gelebt haben, sich dann und wann einen kleinen Luxus erlauben, den beide schätzen, den jeder von beiden entschuldigt und für den jeder die ganze Verantwortung auf sich zu nehmen bereit ist. Ich kann keinen Vorwurf darin sehen, wenn Menschen in diesem Sinne etwas auf sich halten. Es kann ihnen ein Wink sein, andere zu achten. Aber heutzutage wissen wir nichts mehr mit uns anzufangen. Niemand als der Arme kann das. Ich meine nicht gerade die Ärmsten der Armen, sondern Leute, wie wir waren, eben etwas über die Armut hinaus.

Ich weiß, du wirst jetzt von der tiefen Befriedigung sprechen wollen, die man am Ende des Jahres empfindet, wenn man gut gewirtschaftet hat. Welche Aufregung war das an jedem Silvesterabend wegen unserer Mehrausgaben! Was für lange Gesichter schnittest du über mein verworrenes Kassenbüchlein, wie strengten wir uns an herauszufinden, womit wir nur so viel verbraucht oder warum wir wohl so wenig ausgegeben hatten und daß wir im nächsten Jahre keinesfalls derart viel ausgeben dürften – und doch spürten wir, wie das schmächtige Sümmchen immer wieder zusammenschrumpfte. Aber dann, nach Plänen, Entwürfen und allerlei Ausflüchten, nach Beratungen über die Kürzung dieses Postens und den Wegfall eines anderen, in der jugendlichen Hoffnung auf die Zukunft und mit einem fröhlichen Gemüt (an dem du bis heute nie arm wurdest) fügten wir uns in den Verlust und begrüßten ‚mit schäumendem Becher den kommenden Gast' (so hast du immer den lebenslustigen Mr. Cotton zitiert, wie du ihn nanntest). Nun aber haben wir keine Rechnerei mehr am Ende des alten und keine schmeichelhaften Erwartungen für ein glücklicheres neues Jahr."

Bridget ist meist so sparsam mit ihren Worten, daß ich vorsichtig mit Unterbrechungen bin, wenn sie einmal einer rednerischen Laune folgt. Jetzt aber konnte ich ein Lächeln über den phantastischen Reichtum nicht unterdrücken, in den ihre liebe Einbildungskraft ein schlichtes Einkommen von kümmerlichen – hundert Pfund im Jahre verzauberte: „Es ist wahr, wir waren glücklicher, als wir ärmer waren, aber wir waren auch jünger, liebe Kusine. Ich fürchte, wir müssen uns mit dem Wohlstand abfinden, denn wenn wir alles Überflüssige ins Meer schütteten, erwiesen wir uns einen schlechten Dienst. Daß wir zu kämpfen hatten, als wir zusammen alt wurden, ist gewiß ein Grund zur Dankbarkeit. Es stärkte und festigte nur unsern Bund. Niemals wären wir gewesen, was wir uns waren, wenn uns immer die Fülle umgeben hätte, die du nun beklagst. Die natürliche Stärke der Jugend, die durch keine Erschütterung zu schwächende Widerstandskraft, hat uns schon lange verlassen. Dem Alter ist die Erfahrung ein Entgelt für die Jugend, freilich eine fragwürdige Zugabe, aber ich denke doch die beste, die man erwerben kann. Wir müssen fahren, wo wir früher gingen, besser leben und weicher schlafen, als wir uns in der guten alten Zeit leisten konnten, von der du sprichst – und wir tun gut daran. Aber könnten jene Tage wiederkehren, könntest du und ich noch dreißig Meilen am Tage wandern, könnten Bannister und Frau Bland wieder jung sein und du und ich begierig, sie zu sehen, könnten wir für einen Schilling wieder auf die Galerie steigen – das sind ja heute nur Träume, meine liebe Kusine. Und doch – könnten wir jetzt in diesem Augenblick, statt uns hier auf dem weichen Sofa und mit den schönen Teppichen vor dem Kamin ruhig zu unterhalten, den Kampf in jenen engen Treppenhäusern einmal noch beginnen, gestoßen und gepreßt von den Ellenbogen des Ärmsten aller armen Galeriestürmer, könnte ich nur einmal deine bangen Angstschreie hören und das köstliche: ‚Gott sei Dank, wir sind in Sicherheit‘, das immer ertönte, wenn wir von der glücklich erklommenen obersten Treppenstufe den vollen Lichterglanz des freudig summenden Theaters zu unseren Füßen sahen – könnte all das erkauft werden, mir wäre kein Reichtum, kein Gold des Krösus oder des großen Juden R. zu viel, ich würde alles versenken in einen tiefen Abgrund, den kein Lot auszumessen vermag.

Und nun wirf noch einen Blick auf diesen heiteren kleinen chinesischen Pagen, der einen Schirm, groß wie ein Betthimmel, über dem Köpfchen des süßen, törichten, halbmadonnenhaften Püppchens einer Dame in diesem tiefblauen Sommerlusthaus hält.“

DER ÜBERJÄHRIGE

Sera tamen respexit libertas.
Vergil

Ein Schreiber war ich in London froh.
O'Keefe

Wenn es zufällig dein Los gewesen ist, Leser, deine strahlende Jugend und die goldenen Jahre deines Lebens in der bedrückenden Enge eines Büros vergeudet, deine Gefängnistage durch das Mannesalter bis zur Hinfälligkeit und zum Silberhaar ohne Hoffnung auf Freiheit oder eine Ruhepause dahingelebt zu haben, wenn du dabei vergessen hast, daß es so etwas wie Ferien gibt, oder dich daran nur erinnerst als an Vorrechte der Kindheit – dann und nur dann wirst du fähig sein, die Geschichte meiner Erlösung ganz zu würdigen.

Sechsunddreißig Jahre sind nun vergangen, seit ich meinen Platz am Schreibpult in Mincing Lane zuerst einnahm. Schmerzlich war mit vierzehn Jahren der Übergang von der überreichen Spielzeit und den von Ferien oft unterbrochenen Schultagen zu dem acht-, neun- und manchmal auch zehnstündigen Dienst im Geschäft. Aber die Zeit versöhnt mit fast allem. Nach und nach beschied ich mich und wurde zufrieden – verbissen zufrieden, wie wilde Tiere in den Käfigen.

Es ist wahr, die Sonntage gehörten mir allein; aber Sonntage, eine so löbliche Einrichtung sie sein mögen für die Zwecke des Gottesdienstes, sind aus dem gleichen Grunde völlig ungeeignet zum Aufatmen und zur Erholung. In meinen Augen ist gerade der Sonntag in der Stadt von einer düsteren Traurigkeit, als hingen Gewichte in der Luft. Ich vermisse die frohen Rufe in London, die Musik und die Straßensänger, das geschäftige, erregte Gebrodel in den Gassen. Die ewigen Glockenklänge bedrücken mich. Die geschlossenen Läden weisen mich zurück. Bücher, Bilder, die gleisnerische Flut von Spielzeug und Krimskram und die auffällig ausgebreiteten Waren der Händler, was alles einen Werktagsbummel durch die weniger belebten Viertel der Metropole so entzückend macht: alles ist weggeräumt und eingesperrt.

Keine Bücherkarren, an denen man so herrlich stöbern kann; keine geschäftigen Gesichter, die den neugierigen Müßiggänger im Vorbeischlendern erheitern, weil er das ernste Antlitz der Arbeit als reizvollen Gegensatz zu seiner Muße empfindet. Er sieht nur unglückliche, bestenfalls halbglückliche Mienen flügge gewordener Lehrlinge und kleiner Krämersleute und hie und da ein Dienstmädchen, das Erlaubnis zum Ausgang bekommen hat und nach der Plackerei der ganzen Woche mit der Übung beinahe die Fähigkeit verlor, sich einer freien Stunde zu freuen, und daher die Hohlheit des gewollten Vergnügens deutlich in ihren Zügen trägt. Sogar die berufsmäßigen Herumtreiber in den Anlagen sehen an diesem Tage keineswegs zufrieden aus.

Außer diesen Sonntagen hatte ich einen Tag zu Ostern und einen Tag zu Weihnachten und eine volle Woche im Sommer, in der ich mich auf den heimatlichen Feldern von Hertfordshire auslüften konnte. Diese Woche war eine großartige Vergünstigung, und ich glaube, allein die Aussicht auf deren Wiederkehr hielt mich durch das ganze Jahr aufrecht und machte mein Zellendasein erträglich. Aber wenn diese Woche herankam, hielt dann das von fern lockende Ereignis sein Versprechen? Oder entpuppte es sich nicht vielmehr als eine Kette von sieben unruhigen Tagen, verbracht auf der rastlosen Jagd nach Freude und der ermüdenden Suche, wie dabei das meiste herauszuholen sei? Wo war die Stille? Wo blieb da die erwartete Ruhe? Ehe ich nur einen Geschmack davon bekam, waren sie dahin. Ich saß wieder an meinem Pult und zählte die einundfünfzig eintönigen Wochen, die überstanden werden wollten bis zum nächsten Lichtblick. Und doch warf nur die Aussicht auf die Wiederkunft dieser Woche einen hellen Schein in die dunkleren Tage meiner Gefangenschaft. Ohne diese Gewißheit hätte ich mein Sklaventum kaum ausgehalten.

Unabhängig von den Härten des Dienstes hat mich immer ein Gefühl (vielleicht nur eine bloße

Einbildung) meiner Unfähigkeit für das Geschäftsleben heimgesucht. Diese Empfindung war in den letzten Jahren zu solcher Stärke angewachsen, daß sie in allen Falten meines Gesichtes deutlich wurde. Meine Gesundheit und gute Laune ließen nach. Ich litt ständig unter der Furcht vor einer Krise, der ich nicht gewachsen sein würde. Außer den Stunden am Tage arbeitete ich jede Nacht im Schlafe noch einmal mein Pensum ab und erwachte vor Entsetzen über eingebildete falsche Buchungen, Irrtümer in den Konten und dergleichen. Ich war fünfzig Jahre alt, und es bestand keine Aussicht auf Besserung. Ich war gleichsam an meinem Schemel angewachsen, und das Holz war bis in meine Seele gedrungen.

Meine Kollegen im Büro zogen mich mitunter auf wegen der Sorge, die sie in meinen Gesichtszügen lasen; aber ich ahnte nicht, daß sie schon den Argwohn meiner Arbeitgeber erregt hatte, als am fünften des letzten Monats, einem Tage, den ich nie vergessen werde, der Juniorchef der Firma, L., mich auf die Seite rief, mich ohne Umschweife wegen meines schlechten Aussehens ansprach und offen nach der Ursache fragte. Derart zur Rede gestellt, gab ich ein freimütiges Bekenntnis meiner Schwäche und fügte hinzu, daß ich befürchte, den Dienst unter Umständen aufgeben zu müssen. Natürlich gab er mir einige Worte der Aufmunterung – und dabei blieb es. Eine Woche lang litt ich unter dem Eindruck, daß meine Offenheit dumm gewesen sei, daß ich mir unklugerweise eine Blöße gegeben und meiner eigenen Entlassung vorgearbeitet hätte. So verging diese Woche, die qualvollste meines ganzen Lebens. Am Abend des 12. April, gerade als ich mein Pult zu verlassen gedachte, um nach Hause zu gehen (es mochte um acht Uhr gewesen sein), erhielt ich die schreckliche Aufforderung, vor dem Angesichte der ganzen versammelten Firma im gefürchteten hinteren Sprechzimmer zu erscheinen. Ich dachte: Nun ist es gewiß soweit, jetzt bin ich erledigt, nun sagen sie mir, daß sie mich nicht länger brauchen können. L. lächelte über meinen Schrecken, wie ich sehen konnte, was mich ein wenig aufrichtete – als zu meinem äußersten Erstaunen B., der Seniorchef, eine förmliche Ansprache begann über die lange Dauer meines Dienstes und meine sehr löbliche Führung während der ganzen Zeit (zum Teufel, dachte ich, wie hat er das herausgefunden? Ich hätte mir selbst bestimmt niemals soviel zugetraut). Er fuhr fort, sich über die Tunlichkeit auszulassen, zu einer gewissen Lebenszeit sich zur Ruhe zu setzen (wie mir das Herz schlug!), stellte mir dann einige Fragen über die Höhe meines Vermögens (ich habe etwas zurückgelegt) und schloß mit dem Vorschlag, zu dem die drei Teilhaber gewichtig zustimmend nickten, ich solle von dem Hause, dem ich so gut gedient, eine lebenslängliche Rente von Zweidrittel meines bisherigen Gehaltes annehmen – ein über die Maßen glänzendes Angebot! Ich weiß nicht mehr, was ich zwischen Überraschung und Dankbarkeit antwortete; aber sie müssen verstanden haben, daß ich ihren Vorschlag annahm. Man eröffnete mir, daß es mir freistünde, von Stund an ihren Dienst zu verlassen. Ich brachte mühsam eine Verbeugung zustande, und genau zehn Minuten nach acht Uhr ging ich nach Hause – für immer! Dieses edle Geschenk (die Dankbarkeit verbietet mir, die Namen zu verschweigen) schulde ich der Güte der freigebigsten Firma der Welt: dem Hause Boldero, Merryweather, Bonsanquet und Lacy.

Esto perpetua!

Am ersten oder zweiten Tage war ich wie betäubt, ganz überwältigt. Ich konnte mein Glück nur ahnen; ich war zu verwirrt, um es ernstlich zu begreifen. Ich ging umher in dem Gedanken, daß ich glücklich sei – und wußte, daß ich es nicht war. Ich kam mir vor wie ein Gefangener in der alten Bastille, der nach vierzig Jahren Kerkerhaft plötzlich freigelassen wird. Ich konnte mir selbst kaum trauen. Es war wie ein Hinübergleiten aus der Zeit in die Ewigkeit, denn es bedeutet eine Art Ewigkeit für einen Mann, seine Zeit uneingeschränkt für sich zu haben. Mir schien, ich hätte mehr Muße, als ich jemals ausfüllen könnte. Bis jetzt ein armer Mann, arm an Zeit, war ich unvermittelt in den Besitz eines gewaltigen Einkommens erhoben worden. Die Grenzen meines Eigentums waren unabsehbar. Ich wünschte mir einen Beistand, einen tüchtigen

Berater, der diesen Schatz an Zeit zu verwalten hätte. Und hier möchte ich solche Leute, die in Arbeit und Mühe alt wurden, davor warnen, leichtfertig und ohne ihr eigenes Vermögen zu prüfen, die gewohnte Beschäftigung ganz und gar aufzugeben – es könnte gefährlich sein. Ich erfahre es nun selbst, obgleich ich weiß, daß meine Mittel ausreichen.

Nun, da der erste Taumel der Entzückung sich legte, fühle ich mich ruhig und zu Hause in meiner gesegneten Lage. Ich habe keine Eile. Obwohl ich immer in Ferien bin, ist mir doch so, als hätte ich keine. Wenn die Zeit schwer auf mir lastet, kann ich sie mir durch einen Spaziergang vertreiben; aber ich laufe nicht mehr den ganzen Tag umher, wie ich zu tun pflegte in jenen alten, flüchtigen Ferientagen – dreißig Meilen täglich, um möglichst viel davon zu haben. Wenn die Zeit mir lästig fällt, kann ich sie mit Lesen ausfüllen; aber ich lese nicht mehr in jenem heftigen Übermaß, in dem ich – da ich nur die Kerzenlichtzeit hatte – Kopf und Augen in den vergangenen Wintern zu überanstrengen pflegte. Ich spaziere, lese oder kritzele (wie eben jetzt), wenn mich halt die Laune packt. Ich jage nicht länger dem Vergnügen nach; ich lasse es auf mich zukommen. Ich bin wie der Mann, „der geboren ward und seine Jahre vergehen läßt in einer grünen Wüste“.

„Jahre!“ wirst du sagen. „Womit rechnet dieser pensionierte Simpel? Er hat ja schon gesagt, er sei über fünfzig.“

Ich habe in der Tat der bloßen Zahl nach fünfzig Jahre gelebt; aber zieh davon die Stunden ab, die ich für andere Leute lebte und nicht für mich, dann wirst du finden, daß ich immer noch ein junger Bursche bin. Denn nur das ist die wahre Zeit, die ein Mann wirklich sein eigen nennen kann: die er für sich allein hat! Der Rest ist anderer Leute Zeit, nicht seine eigene, obwohl er sie auch durchlebt. Die vor mir liegende Spanne meiner armen Tage – mag sie nun lang oder kurz sein – ist für mich mindestens verdreifacht. Die nächsten zehn Jahre, wenn ich sie überhaupt erlebe, werden so lange dauern wie die vorhergegangenen dreißig. Es ist eine hübsche Regeldetri-Aufgabe.

Unter den seltsamen Phantasien, die mich zu Beginn meiner Freiheit plagten und bis heute noch nicht spurlos vergangen sind, war besonders die Vorstellung, daß eine endlose Zeit verflossen sei, seitdem ich das Bürohaus verließ. Ich konnte daran nicht denken wie an ein Ereignis von gestern. Die Chefs und Kollegen, mit denen ich so viele Jahre und so manche Stunden an jedem Tage des Jahres eng beisammen gewesen war, schienen mir wie tot, da ich mich von heute auf morgen von ihnen entfernt hatte. Es gibt eine schöne Stelle vom Sterben eines Freundes in einer Tragödie des Sir Robert Howard, die diese Empfindung treffend schildert:

Kaum eben ist er weggegangen;
Noch blieb zum Weinen keine Zeit.

So tief bin ich im Schmerz befangen
Als wär er tausend Jahre weit –
Zeit mißt sich nicht an Ewigkeit.

Um dieses beklemmende Gefühl zu zerstreuen, gelüstete es mich seitdem das eine oder andere Mal, meine alten Pultgenossen aufzusuchen, meine Brüder vom Gänsekiel, die ich unten im Tageskampf zurückgelassen hatte. Keine der Freundlichkeiten, mit denen sie mich empfingen, konnte mir das vergnügliche Vertrautsein wiederschenken, das ich vormals unter ihnen genoß. Wir rissen einige unserer alten Witze, aber sie schienen mir schal geworden. Mein altes Schreibpult, der Haken, an den ich meinen Hut so oft gehängt, gehörten nun einem anderen. Ich wußte, es müsse so sein; aber ich konnte es nicht gelassen hinnehmen. Der T . . . l hole mich, wenn ich beim Abschied von meinen alten Kollegen nicht einen kleinen Stich gefühlt habe. Ich wäre ein Tier, wäre es anders gewesen beim Scheiden von den treuen Gefährten meiner Plackerei in sechsunddreißig langen Jahren, die mit ihren Scherzen und ihrem Schabernack Höhen und Tiefen meiner beruflichen Laufbahn ausgleichen halfen. War sie wirklich so holprig gewesen, wenn man es genau bedenkt? Oder war ich einfach ein Feigling? Nun, es ist zu spät zu bereuen – und ich weiß ja auch, daß diese Gedanken nur die bei solchen Anlässen üblichen Täuschungen sind. Aber das Herz brach mir fast. Ich hatte zu plötzlich die Bande zwischen uns zerschnitten. Zumindest war es nicht freundlich und behutsam genug geschehen.

Es wird eine Zeit dauern, ehe ich mich ganz mit dieser Trennung aussöhnen kann. Lebt wohl, ihr alten Gesellen! Aber nicht für lange, denn immer wieder will ich unter euch treten, wenn ihr es zulaßt. Leb wohl, Chambers, trocken, sarkastisch und höflich! Dodwell, sanft, ein wenig langsam, aber vornehm! Plumley, schneller Arbeiter und so hilfsbereit! Und du, düsteres Gebäude, würdiger Sitz für einen Gresham oder Whittington von ehemals, königliches Kaufmannshaus – mit deinen labyrinthischen Korridoren und den lichtlosen, aufgestockten Büros, in denen Kerzen über das halbe Jahr hin das Sonnenlicht ersetzen mußten, du ungesunder Nährer meines Daseins, kärglicher Gewährer meines Lebensunterhaltes, leb wohl! In dir – und nicht in der verstaubten Sammlung eines Bücherkarrenhändlers – verbleiben meine „Werke"! Dort sollen sie ruhen, wie ich von meiner Arbeit ausruhe, aufgetürmt auf soliden Gestellen, mehr Manuskripte, als selbst Thomas von Aquin hinterließ – und wohl genauso nützlich! Und meinen Arbeitsrock stifte ich dazu.

Vierzehn Tage sind nun vergangen, seit ich diese Mitteilungen niederschrieb. In dieser Zeit war ich gelassener, aber noch nicht ruhig geworden. Ich rühmte mich zwar einer inneren Stille, aber sie war nur fühlbar im Vergleich zu vordem. Etwas von der ersten Aufregung blieb, ein störendes Gefühl der Neuheit gleich dem Glanze ungewohnten Lichtes in schwachen Augen. Fürwahr, ich vermißte meine alten Ketten, als wären sie notwendige Bestandteile meiner Kleidung. Ich war wie ein armer Kartäuser, den eine Revolution urplötzlich aus der strengen Klosterregel in die Welt entlassen hat. Jetzt aber empfinde ich, als wäre ich immer nur mein eigener Herr gewesen. Es ist mir selbstverständlich geworden, hinzugehen, wohin ich will, zu tun, was mir gefällt. Ich finde mich um elf Uhr morgens in der Bond Street, und mir will scheinen, ich sei um diese Stunde dort jahraus, jahrein umhergeschlendert. Ich mache einen Umweg nach Soho, um einen Buchladen zu durchstöbern, als wäre ich Sammler seit dreißig Jahren, und nichts Neues oder Sonderbares ist dabei. Ich stehe in der Morgenstunde vor einem schönen Bild – war es jemals anders? Was ist aus Fish Street Hill geworden? Wo ist die Fenchurch Street? Ihr Steine der alten Mincing Lane, über die ich sechsunddreißig Jahre Tag für Tag pilgerte, unter den Schritten welcher arbeitsmüden Schreiber hallt ihr ewigen Platten heute wider? Ich trete jetzt das fröhlichere Pflaster der Pall Mall, stehe zur Stunde des Börsenschlusses vor den Marmorskulpturen des Parthenonfrieses. Es war keine Übertreibung, wenn ich den Umschwung meiner Lebensumstände mit dem Übergang in eine andere Welt zu vergleichen wagte. Die Zeit steht in gewissem Sinne still für mich. Ich habe das Unterscheidungsvermögen für die Jahreszeiten verloren und kenne weder Wochentag noch Monat. Jeder Tag besaß sonst sein eigenes Gesicht, je nachdem wann die Auslandspost fällig oder wie weit oder nah es bis zum nächsten Sonntag war. Ich hatte meine Mittwochgefühle und meine Samstagabend-Empfindsamkeiten. Deutlich spürbar hockte der Kobold jeden Tages von früh bis spät auf mir und beeinflußte meinen Appetit, meine Laune und so weiter. Auf meiner armseligen Sabbat-Erholung lastete das Gespenst des kommenden Tages wie ein Bleigewicht, und hinter ihm die anderen traurigen fünf. Welcher Zauber hat den Neger weiß gewaschen? Was ist aus dem schwarzen Montag geworden? Alle Tage sind nun gleich. Selbst der Sonntag, diese unglückselige Mißgeburt eines freien Tages, als den ich ihn so oft empfand aus Furcht vor seiner Flüchtigkeit und dem übereifrigen Streben nach größtmöglichem Vergnügen, selbst er zerschmolz zum simplen Wochentag. Ich kann es mir jetzt leisten, in die Kirche zu gehen, ohne mich über den gewaltigen Zeitspan aufzuregen, der damit einst aus dem Feiertag herausgeschnitten ward. Ich habe Zeit für alles. Ich kann einen kranken Freund besuchen. Ich kann einen vielbeschäftigten Mann stören, wenn er gerade am meisten zu tun hat. Ich kann ihn ärgern mit der Einladung, mich an diesem schönen Maimorgen auf einen Ausflug nach Windsor zu begleiten. Es ist ein Vergnügen – würdig eines Lukrez –, den armen Schuftenden zuzuschauen, die ich in der Welt zurückließ, mit Lasten bedrückt und beladen, sich plagend wie Pferde in der Tretmühle in ewig gleichem Rund – und wofür all das? Ein Mann kann niemals zu viel Zeit für sich selbst oder wenig genug zu tun haben. Hätte ich einen kleinen Sohn, ich würde ihn Tunichts taufen; und er sollte auch nichts tun. Ein Mann ist, wie ich fest glaube, so lange aus seinem Lebenselement herausgenommen, wie er tätig ist. Ich bin überhaupt für das beschauliche Leben. Will nicht einmal ein freundliches Erdbeben kommen und diese verfluchten Baumwollfabriken verschlingen? Reich mir das unnütze Gerümpel dort, das Pult, und laß es tief hinunterpoltern „bis auf der Hölle Grund“.

Ich bin nicht mehr ***, Angestellter der Firma ***. Ich bin die Muße in Pension. Man kann mich in wohlgepflegten Gärten antreffen. Man kennt mich schon an meinem gleichmütigen Gesicht und den sorglosen Gesten, wenn ich mit leichten Schritten von ungefähr und ohne bestimmte Absicht umherwandle. Ich spaziere nirgendshin und nirgendsher. Man sagt mir, ein gewisses würdevolles Aussehen, das so lange mit anderen guten Eigenschaften begraben war, beginne aus mir aufzusprießen. Ich wachse merklich in die gute Gesellschaft hinein. Wenn ich eine Zeitung in die Hand nehme, dann nur des Spielplans der Oper wegen. *Opus operatum est.* Ich habe alles getan, was zu erfüllen ich in diese Welt kam. Ich habe die mir auferlegte Arbeit geleistet und nun den Rest meiner Tage für mich selbst.

EINE ABHANDLUNG ÜBER SCHWEINEBRATEN

Die Menschheit, sagt ein chinesisches Manuskript, das mein liebenswürdiger Freund Manning mir vorgelesen und erläutert hat, aß das Fleisch in den ersten siebzigtausend Generationen roh; sie riß es vom lebenden Tiere herunter und biß ab, wie man noch heutigentags in Abessinien tut. Auf diese Epoche spielt offensichtlich der große Konfuzius im zweiten Kapitel seiner „Wandlungen der Welt“ an, wo er eine Art von Goldenem Zeitalter Cho-fang nennt, wörtlich übersetzt: der Köche Feiertag. Die Handschrift berichtet alsdann, wie die Kunst des Bratens oder besser des Röstens (was ich für den älteren Bruder des Bratens halte) durch Zufall auf folgende Weise entdeckt ward.

Der Schweinehirt Ho-ti, der eines Morgens in die Wälder gegangen war, um Mastfutter für seine Schweine zu sammeln, hatte seine Hütte in der Obhut seines Sohnes Bo-bo zurückgelassen, eines großen Lümmels, der wie alle Jungen seines Alters zu gerne mit Feuer spielte. Unversehens sprangen ihm einige Funken in ein Bündel Stroh, das sich augenblicks entzündete und das Feuer in alle Ecken des armseligen Hofes trug, bis nur noch Asche übrigblieb. Mit der Hütte, einem armseligen vorsintflutlichen Machwerk von Gebäude, ging – und das war weit schlimmer – ein schöner Wurf neugeborener Ferkel zugrunde, neun an der Zahl. Seit ältester Zeit werden chinesische Schweine als besondere Kostbarkeit im ganzen Osten geschätzt. Bo-bo geriet in äußerste Bestürzung, wie man sich vorstellen kann, nicht so sehr der Behausung wegen, die sein Vater mit ihm jederzeit in ein- oder zweistündiger Arbeit aus einigen trockenen Ästen wiederaufbauen konnte, wie um des Verlustes der Schweine willen. Während er die Hände rang über den rauchenden Resten und überlegte, was er seinem Vater sagen sollte, stieg ihm ein Duft in die Nase, wie er ihn nie zuvor in seinem Leben wahrgenommen hatte. Woher mochte er nur kommen? Gewiß nicht von der verbrannten Hütte, deren Qualm er früher schon gerochen, denn es war keineswegs das erste derartige Mißgeschick, das die Unachtsamkeit des unglücklichen Zündelpeters verschuldet hatte. Noch weniger ähnelte der Geruch dem Duft irgendeines Krautes, eines Unkrautes oder einer Blume. Zugleich troff Bo-bo wie in einem Vorgeschmack das Wasser von der Unterlippe. Unschlüssig, was davon zu halten sei, beugte er sich nieder zu einem Schwein und fühlte nach, ob noch ein Lebenszeichen sich rege. Dabei versengte er sich die Finger; um sie zu kühlen, steckte der Tölpel sie in den Mund. Einige Krümel der verbrannten Haut waren an seinen Fingern hängengeblieben, und zum ersten Male kostete Bo-bo, schmeckte die Welt, da niemand es vor ihm getan: *braune Schweinekruste!* Noch einmal tappte und tastete er nach dem Schwein. Es sengte ihn jetzt nicht mehr arg, doch er leckte aus Gewohnheit seine Finger ab. Und endlich dämmerte die Wahrheit in seinem schwerfälligen Verstand: daß es das Schwein war, das so roch, und das Schwein, das so köstlich schmeckte! Nun gab er sich ganz der neuentdeckten Lust hin, riß Hände voll der geschmorten Haut mit dem Fleische daran heraus und stopfte sie gierig in seinen Schlund. Da plötzlich trat sein Erzeuger durch die rauchenden Balken, bewaffnet mit der strafenden Keule. Sobald der Alte erkannte, was geschehen war, ließ er Schläge dicht wie Hagelschloßen auf die Schultern des jungen Taugenichts niederprasseln. Aber sie kümmerten Bo-bo so wenig wie Fliegenstiche. Die prickelnde Wonne in seinem Magen hatte ihn abgestumpft gegen alle Unannehmlichkeiten in entlegeneren Teilen seines Leibes. Sosehr der Vater auch drauflosprügelte, er konnte ihn nicht von dem Schwein abbringen, bis es fast ganz vertilgt war, und als dem Jungen schließlich dämmerte, was um ihn her vor sich ging, entspann sich etwa folgendes Zwiegespräch:

„Du gottverlassener Bube, was verschlingst du da? Genügt es nicht, daß du mir drei Häuser niedergebrannt hast? Mußt du jetzt auch noch Feuer und ich weiß nicht was fressen? Was treibst du da?“

„O Vater, das Schwein, das Schwein! Komm und versuche selbst, wie herrlich das verbrannte Schwein schmeckt.“

Es juckte Ho-ti vor Schreck in den Ohren. Er verfluchte seinen Sohn und dann sich selbst, weil er einen Sprößling gezeugt hatte, der verbrannte Schweine fraß.

Bo-bo, dessen Geruchssinn sich an diesem Morgen wunderbar geschärft hatte, wühlte bald ein anderes Schwein hervor, riß es hastig auseinander und drängte mit aller Kraft das kleinere Stück Ho-ti in die Fäuste, wobei er unentwegt schrie: „Iß, iß, iß das verbrannte Schwein, Vater, versuch's doch nur! O Gott, schmeckt das!“ Unter solchem barbarischen Stöhnen stopfte er weiter in sich hinein, bis er fast erstickte.

Ho-ti zitterte an allen Gliedern, als er das abscheuliche Zeug in seinen Händen spürte. Er schwankte, ob er das jugendliche Ungeheuer von Sohn nicht besser gleich totschlagen solle. Da versengte die Schweinekruste seine Finger, wie es Bo-bo widerfahren war. Er ließ ihnen die gleiche Linderung angedeihen und schmeckte dabei etwas von dem Aroma, das sich keineswegs als unangenehm erwies, obgleich er eine saure Miene vorschützte. Schließlich (das Manuskript ist hier etwas weitschweifig) hockten sich Vater und Sohn gemeinsam nieder und hörten nicht eher mit dem Schmaus auf, als bis das letzte Ferkel vertilgt war.

Bo-bo wurde streng eingeschärft, das Geheimnis

nicht zu verraten, da die Nachbarn sie gewiß als ein Paar verworfener Scheusale gesteinigt hätten, die sich vermaßen, das von Gott gesandte Fleisch verbessern zu wollen. Trotzdem begannen seltsame Gerüchte umzulaufen. Man bemerkte, daß Ho-tis Hütte nun öfter abbrannte als je zuvor. Seit dieser Zeit folgte eine Feuersbrunst der anderen. Einige Brände brachen am hellen Tage aus, andere mitten in der Nacht. Sooft die Sau warf, ging mit Sicherheit Ho-tis Haus in Flammen auf. Noch auffälliger aber war, daß Ho-ti, statt seinen Sohn zu züchtigen, immer nachsichtiger gegen ihn zu werden schien.

Eines Tages wurden Vater und Sohn bei ihrem schrecklichen Geheimnis ertappt und vor das Gericht nach Peking geschleppt, das damals noch ein unbedeutender Marktflecken war. Die Zeugen wurden einvernommen, und die abscheuliche Speise wurde dem Gericht vorgelegt. Als eben das Urteil gefällt werden sollte, verlangte der Älteste der Geschworenen ein solches verbranntes Schwein auf dem Richtertisch zu sehen, um dessentwillen die Missetäter auf der Anklagebank saßen. Er betastete es selbst, und alle anderen Geschworenen betasteten es auch. Sie versengten sich die Finger genau wie Bo-bo und sein Vater, und die Natur verhalf ihnen zu dem gleichen Heilmittel. Entgegen dem klaren Tatbestand und der überzeugendsten Anklage, die je ein Staatsanwalt erhoben hatte, verkündeten sie zur Überraschung des ganzen Gerichtshofes, der Bürgerschaft, der Zugereisten, Berichterstatter und aller Anwesenden den einstimmigen Spruch „Nicht schuldig" – ohne sich zur Beratung zurückgezogen zu haben.

Der Richter, der ein schlauer Fuchs war, drückte beide Augen zu angesichts der offenbaren Ungerechtigkeit dieses Verdikts. Nach der Sitzung ging er heimlich hin und kaufte alle Schweine auf, die für Geld und gute Worte zu haben waren. Wenige Tage später ging das Stadthaus des hohen Herren in Flammen auf. Das Ereignis verbreitete sich mit Windeseile; bald sah man Feuersbrünste in allen Himmelsrichtungen. Bauholz und Schweine wurden im ganzen Lande über die Maßen teuer. Die Versicherungsgesellschaften mußten eine nach der andern schließen. Die Leute bauten nachlässiger von Tag zu Tag, und es stand zu befürchten, daß die Kunst der Architektur über kurz oder lang der Welt verlorengehen würde.

Die Sitte, Häuser niederzubrennen, dauerte an, bis im Laufe der Jahre, wie mein Manuskript berichtet, ein Weiser wie unser Locke aufstand, der die Entdeckung machte, daß das Fleisch vom Schwein und schlechterdings von jedem anderen Tier gebraten (man nannte es damals: gebrannt) werden könne, ohne daß man deshalb ein ganzes Haus in Brand stecken müsse. Damals kam eine erste rohe Form des Rostes auf. Das Rösten an der Schnur und das Am-Spieß-Braten wurden ein oder zwei Jahrhunderte später erfunden; ich habe vergessen, unter welcher Dynastie. Mit solch langsamen

Schritten, schließt das Manuskript, erobern sich die nützlichsten, scheinbar so naheliegenden Künste ihren Platz unter den Menschen.

Ohne dem obigen Bericht blindlings Glauben zu schenken, muß man doch zugeben, daß nur ein gebratenes Ferkel als Entschuldigung für das gefahrvolle Niederbrennen von Häusern anerkannt werden kann.

Von allen Köstlichkeiten des *mundus edibilis* halte ich es für die delikateste – *princeps obsoniorum.*

Ich spreche hier nicht von euren ausgewachsenen Mastschweinen, plumpen Dickwänsten von Säuen und Ebern, sondern vom zarten Spanferkel, nicht älter als ein Mond, noch schuldlos am Stallgestank, noch unbefleckt von jenem Erbfehler der *amor immunditiae* unserer ersten Eltern, noch vor dem Stimmbruch – mit dem Präludium eines Grunzens zwischen kindlichem Diskant und leichtem Knurren.

Es muß geröstet werden! Ich weiß wohl, daß unsere Vorfahren es gesotten oder gekocht aßen – aber doch nur unter Aufopferung der äußeren Hülle!

Es gibt keinen Duft, der vergleichbar wäre dem Aroma einer knusprigen, hellgebräunten, sorgsam zubereiteten, nicht zu stark gerösteten Kruste. Selbst die Zähne nehmen teil an dem Vergnügen, die schüchtern-spröde Mürbe sanft zu zerbeißen mitsamt dieser schmelzenden, buttrigen Substanz – oh, nenne sie nicht Fett! Es ist vielmehr eine unsagbare Süße, die Fett zu werden verspricht – eine zarte

Blüte von Fett, in der Knospe gebrochen, im Sprießen überrascht, in der ersten Unschuld – Creme und Quintessenz von dieses Schweinesäuglings reiner Nahrung – mageres Fleisch, nein, eher eine Art tierischen Mannas, oder besser: Fett und Mager (wenn es denn sein muß) so durchwachsen und ineinander verfließend, daß beide vermählt eine ambrosianische Köstlichkeit und zugleich eine alle labende Substanz ergeben.

Schau nur, wie das Ferkelchen brät, hingegeben eher einer erfrischenden Wärme als einer versengenden Hitze. Wie gleichmäßig es sich um den Spieß dreht! Jetzt ist es gar. Sieh die außerordentliche Empfindsamkeit seiner zarten Jugend! Es hat die hübschen Augen ausgeweint als strahlende Gallerte, als Sternschnuppen.

Wie hold ruht es auf der Schüssel, seiner zweiten Wiege! Wie sanft es daliegt! Wäre dieses reine Wesen besser herangewachsen zu der Ruppigkeit und Borniertheit, die allzuoft den erwachsenen Schweinen eigen sind? Als Vielfraß hätte es sich entpuppt, als störrischer, widerwärtiger Schmutzfink sich gewälzt in allerlei unflätigen Reden. Vor diesem Sündenfall hat des Schicksals Gunst es glücklich bewahrt: „Eh Sünde es verdarb und Sorge niederzog, kam zeitig der liebende Tod.“ Sein Andenken ist duftumwoben, kein Narr mit schwachem Magen flucht über ranzig gewordenen Speck, kein Kohlenträger verschlingt es hastig in übelriechenden Würsten; ihm ist ein edles Grab bereitet im dankbaren

Magen des verständigen Epikureers – und für ein solches Grab darf es getrost sterben.

Es ist der köstlichste aller Genüsse. Die Ananas ist herrlich. Sie ist aber fast schon zu überirdisch – ein Genuß, der zwar nicht sündhaft ist, aber einer Sünde so nahekommt, daß ein Mensch mit zartem Gewissen gut daran täte, sich zurückzuhalten. Denn sie ist allzu überwältigend für den Geschmack der Sterblichen, sie verwundet und versehrt die Lippen, die sich ihr nähern – sie beißt wie die Küsse der Liebenden – ihr Genuß grenzt dank der Wildheit und Überspanntheit ihres Geschmacks an Schmerz – aber sie gelangt nicht weiter als bis zum Gaumen. Sie verbündet sich nicht mit dem Appetit, und der gröbste Hunger wird sie sicherlich gerne eintauschen gegen ein Hammelkotelett.

Schweinebraten – laßt mich sein Lob singen – regt nicht nur den Appetit an, sondern befriedigt auch den kritischen Gaumen des Kenners. Den Starken läßt er gedeihen, und der Schwächling freut sich seiner sanften Säfte.

Im Gegensatz zum verworrenen Charakter der Menschen, einem Bündel von Tugenden und Lastern, unerklärbar ineinander verwoben und nicht ungefährlich zu entwirren, ist das Ferkel durch und durch gut. Kein Teil an ihm ist besser oder schlechter. Es hilft allen nach seinem besten Vermögen. Es ist das neidloseste Gericht beim Gastmahl. Es ist aller Nachbarn Speise.

Ich gehöre zu jenen Menschen, die ihren Freund

gerne und freimütig teilhaben lassen an den guten Dingen, die dieses Leben ihnen schenkt (bei mir sind es allerdings nur wenige). Ich gestehe, daß mir die Freuden, die Genüsse und die Zufriedenheit meines Freundes ebenso am Herzen liegen wie mein eigenes Wohlergehen. Kleine Geschenke, so sage ich oft, erhalten die Freundschaft. Hasen, Fasanen, Rebhühner, Schnepfen, Hühner (diese „zahmen ländlichen Vögel“), Kapaune, Kiebitze, Sülze, Austernfäßchen – ich gebe sie so fröhlich hin, wie ich sie empfange. Ich genieße sie auf der Zunge meines Freundes. Aber irgendwo muß eine Grenze sein. Man kann nicht wie Lear „alles fortgeben“. Ich mache halt beim Schwein. Es wäre undankbar gegen den Spender aller köstlichen Gaben, unter dem Vorwand der Freundschaft (oder unter irgendeinem anderen) einen Leckerbissen aus dem Hause zu geben, der so ausgesprochen meinem eigenen Gaumen zukommt und vorbestimmt ist. Das würde an Unverstand grenzen.

Ich erinnere mich an einen ähnlichen Gewissensstreit aus meiner Schulzeit. Meine gute alte Tante, die mich niemals am Ende der Ferien ziehen ließ, ohne mir eine Süßigkeit oder eine andere Leckerei in die Tasche zu stecken, hatte mich eines Abends mit einem dampfenden Pflaumenkuchen, frisch aus dem Ofen, scheiden lassen. Auf meinem Weg zur Schule (es war auf der London-Bridge) sprach mich ein alter, grauhaariger Bettler an (heute zweifle ich nicht mehr daran, daß er nicht echt war). Ich hatte keinen Penny bei mir; und in der Eitelkeit der Selbstverleugnung und in einer schuljungenhaften Anwandlung von Nächstenliebe schenkte ich ihm – meinen ganzen Kuchen! Ich ging weiter und schwoll an im süßen Rausch der Selbstzufriedenheit, wie es bei solchen Gelegenheiten üblich ist. Aber noch ehe ich das Ende der Brücke erreicht hatte, kehrten meine besseren Gefühle zurück, und ich brach in Tränen aus bei dem Gedanken an meine Undankbarkeit gegen die gute Tante, weil ich ihre liebe Gabe an einen Fremden weggeschenkt hatte, den ich nie vorher gesehen und der womöglich ein schlechter Kerl war! Ich dachte an die Befriedigung meiner Tante, daß ich – ich selbst und nicht irgendein anderer – ihren schönen Kuchen äße; und was ich ihr sagen sollte bei meinem nächsten Besuch; wie unartig ich war, mich von ihrem leckeren Geschenk zu trennen! Und der Duft dieses würzigen Kuchens tauchte in meiner Erinnerung auf und das neugierige Vergnügen, das ich beim Backen gespürt, und die Freude meiner Tante, als sie ihn in den Ofen gab, und ihre Enttäuschung, wenn sie erführe, daß ich keinen einzigen Bissen davon gegessen hatte. Da verwünschte ich den naseweisen Einfall des Almosengebens und meine unpassende geheuchelte Güte, und vor allem wünschte ich niemals das Gesicht dieses betrügerischen, nichtsnutzigen alten Gauners wiederzusehen.

Unsere Vorfahren waren wählerisch in der Art, wie sie ihre zarten Schweineopfer darbrachten. Daß

Schweine zu Tode gepeitscht wurden, lesen wir mit einem ähnlichen Schauder, wie wir ihn bei anderen veralteten Bräuchen empfinden. Die Zeiten der Züchtigungen sind vergangen – doch wäre es merkwürdig zu erforschen (nur in philosophischem Lichte), welche Wirkungen die Prozedur auf die Lieblichkeit eines Stoffes haben mag, der von Natur so mild und süß ist wie das Fleisch junger Schweine. Es wäre das Verfeinern eines Veilchens. Obwohl wir die Unmenschlichkeit verdammen, empfiehlt sich doch Vorsicht, wenn es darum geht, die Klugheit einer Übung zu beurteilen. Sie könnte vielleicht einen neuen Geschmacksreiz hervorbringen ...

Ich erinnere mich an eine These, die von uns jungen Studenten in St. Omer mit viel Gelehrsamkeit und Witz heiß umstritten wurde: „Vorausgesetzt, daß der Geschmack eines Schweines, das seinen Tod durch Peitschen *(per flagellationem extremam)* erlitt, dem Gaumen eines Menschen größeres Vergnügen bereitet als jedes mögliche Leid, das wir damit dem Tier zufügen, ist dann der Mensch im Recht, dieses Verfahren zu benutzen, um das Tier zu Tode zu bringen?“ Ich habe den Ausgang des Streites vergessen.

Die Bratensoße bedarf ernster Betrachtung. Ich rate entschieden zu einigen Brotkrumen, zubereitet mit der Leber und dem Gehirn samt einer Prise milden Salbeis. Aber verbanne, ich beschwöre dich, liebe Köchin, verbanne das ganze Geschlecht der Zwiebeln. Brate ganze Schweine auf dem Rost, wie immer du willst, tauche sie in Schalotten, stopfe sie aus mit Büscheln geilen Knoblauchs. Du kannst sie nicht vergiften oder ihren Geschmack stärker geraten lassen, als er ohnehin ist. Vergiß nie: es ist ein schwaches Wesen – eine Blume.

ERINNERUNGEN DES JUKE JUDKINS AUS BIRMINGHAM

Ich bin der einzige Sohn eines angesehenen Gelbgießers in Birmingham, der mich bei seinem Tode 1803 als Nachfolger in seinem Geschäft einsetzte mit der alleinigen Verpflichtung, seiner Witwe, meiner Mutter, jedes Jahr einen Erbzins von 93 Pfund Sterling auszuzahlen, den ich auch angesichts der ständig sich verbessernden Geschäftslage – Gott sei gedankt – bisher pünktlich zu erstatten vermochte. (Zu dieser Summe sei ich verpflichtet, sage ich, bin aber nicht eigentlich zu zahlen gezwungen; das heißt, das Gesetz würde mich nach dem Wortlaut des Testamentes meines Erachtens von dieser Leistung befreien; aber der letzte Wunsch eines sterbenden Vaters sollte doch wohl in gewisser Weise Gesetzeskraft für den Erben haben.) Obgleich der Geschäftsgewinn in den letzten drei oder vier Jahren einem unbeteiligten Beobachter, welcher Einblick in meine Geschäftsbücher nähme, als durchschnittlicher Betrag von 1303 Pfund Sterling und einigen Schillingen erscheinen würde, wird doch der wirkliche Reinertrag Jahr für Jahr um die Summe der obenerwähnten 93 Pfund Sterling dauernd vermindert.

Ich war immer schon der Liebling meines Vaters gewesen. Es bereitete ihm bis in seine letzten Tage großes Vergnügen, die kleinen schlauen Listen und unschuldigen Kniffe meiner Kindertage zum besten zu geben. Einen solchen Streich habe ich ihn nie erzählen hören, ohne daß dabei Tränen der Freude über seine Wangen herabliefen. Als ich im Alter von sechs Jahren und nicht ganz einem Monat das Elternhaus verließ – es war am siebenundzwanzigsten August siebzehnhundertachtundachtzig –, um die Freischule in Warwick zu beziehen, an der mein Vater eine Art Kurator war, hatte meine Mutter, vorsorglich wie eben Mütter bei derartigen Anlässen meist sind, die Seitentasche der Postkutsche, die mich und sechs andere Kinder gleichen Alters in die nämliche Schule bringen sollte, mit einem gewaltigen Vorrat an Pfefferkuchen angefüllt. Meiner Erinnerung nach sagte mein Vater sogleich, es sei mehr als notwendig; und so war es denn auch. Hätte ich alles allein essen wollen, wäre es hart und schimmelig geworden, bevor nur die Hälfte verzehrt war. Diese Überlegung brachte mich auf den Gedanken, wie ich mir genug Lebkuchen sichern könnte, um für die nächsten zwei oder drei Tage auszureichen, ohne jedoch den Rest verkommen zu lassen. Ich besaß einen kleinen Taschenzirkel, den ich gewöhnlich mit mir herumtrug, um die Risse und Maße der verschiedensten Maschinen und technischen Neuheiten auszumessen (worin ich immer sehr geschickt war), wie man sie in einer Stadt wie Birmingham in großer Anzahl antreffen kann. Mit diesem Zirkel und einem kleinen Federmesser, das mir mein Vater geschenkt hatte, schnitt ich einen Teil des Pfefferkuchens ab auf Grund meiner Berechnung, daß aller Voraussicht nach der Rest für mich genügen werde, teilte dann diese größere Portion in viele schmale Stückchen, die wegen ihrer Appetitlichkeit und der wie ausgestochenen Form hübsch anzusehen waren, und verkaufte sie für fünf Pence das Stück an meine jungen Kameraden, so daß sie den ganzen Weg bis Warwick ausreichten – eine Entfernung von zwanzig Meilen von Birmingham aus. Und ich versichere Ihnen, wir waren sehr fröhlich dabei und taten uns gütlich auf der ganzen Fahrt. Durch diesen ehrlichen Handel strich ich den Einkaufspreis des Lebkuchens verdoppelt in meinen Beutel und sicherte mir dabei doch so viel für den eigenen Gebrauch, wie sich nach meiner Schätzung in den nächsten zwei bis drei Tagen eßbar und frisch hielt.

Als ich dies meinen Eltern bei ihrem ersten Besuch in Warwick berichtete, tätschelte mein Vater (der gute Mann!) mir die Wange, strich mir über das Haar und schien sich nicht genug an mir freuen zu können. Meine Mutter aber brach unbegreiflicherweise in Tränen aus und sagte: „Das war schäbig gehandelt“, oder so ähnlich, und weiter: „Ich möchte lieber, Gott nähme dich zu sich“ – womit sie meinte (Gott verhüte!), daß ich sterben solle –, „als daß ich erleben muß, wie du zu einem erbärmlichen Geizhals heranwächst.“ Dies zeigt den Unterschied eines Elternteils vom anderen und wie manche Mütter härter und unduldsamer zu ihren Kindern sind als gewisse Väter, während man doch ganz das Gegenteil erwarten sollte. Mein Vater aber überschüttete mich seit jener Zeit mit Geschenken, die mir den Neid meiner Schulkameraden eintrugen. Als ich diese Gesinnung bei ihnen wachsen fühlte, suchte ich ihr mit allen meinen Kräften zu begegnen: von Stund an aß ich meine kleinen Obstpäckchen und andere Leckereien so heimlich in einer Ecke, daß es niemand mehr merkte. Ich erinnere mich, daß mir einmal ein riesiger Apfel geschickt wurde von der Sorte, die man Katzenköpfe nennt. Ich verbarg ihn den ganzen Tag unter meinem Kopfkissen, und in der Nacht, aber nicht ohne mich vergewissert zu haben, daß mein Bettnachbar fest eingeschlafen war, indem ich ihn mehrmals ziemlich heftig kniff, was er so wenig zu spüren schien wie ein Toter, wenn er auch zu meinem Schrecken sich einige Male so bewegte, als wolle er sich umdrehen – also, als ich ganz sicher war, machte ich mich über meinen Apfel her; es gelang mir, vor Tagesanbruch mit ihm fertig zu werden, obgleich er so groß war wie zwei richtige Männerfäuste. Und einen köstlicheren Schmaus habe ich nie mehr gehabt. Ich dachte die ganze Nacht, was für gute Eltern ich hatte, einen guten Vater wollte ich sagen, der mir so herrliche Leckerbissen sandte, während doch der arme Junge neben mir weder Eltern noch

Freunde in der ganzen Welt besaß, die ihm etwas Nettes schicken konnten. Und in Gedanken an seine traurige Verlassenheit kaute und kaute ich, so geräuschlos, wie es ging, damit nur ja kein Gelüst in ihm erweckt würde, sofern er mich dennoch belauschte. Aber trotz all dieser Rücksichtnahme und Achtung vor den Gefühlen anderer war ich nie recht beliebt bei meinen Schulkameraden. Darüber wunderte ich mich oft, betrog ich doch niemals auch nur einen von ihnen um einen Heller oder zeigte sie beim Lehrer an, wie es andere lügnerische Burschen taten. Vielmehr war ich immer bereit, ihnen so viel Gutes zu erweisen, wie ich nur vermochte – vorausgesetzt, daß es sich mit meinem eigenen Wohlergehen vertrug. Ich glaube, von niemandem kann man mehr verlangen.

Jedoch ich halte den Leser zu lange mit meinen Jugendgeschichten auf. Es ist an der Zeit, zu einem Lebensabschnitt überzugehen, in dem es nur natürlich war, daß mir Heiratsgedanken kamen, nebst der Absicht, mich häuslich einzurichten, wie man so sagt. Trotzdem dürften meine Betrachtungen über die Knabenzeit einigen Lesern von Nutzen sein. Es ist aufschlußreich, dem Mann im Knaben nachzuspüren, die Ansätze von Edelmut schon in diesen jungen Jahren zu erkennen, das Wachsen eines vorurteilsfreien Feingefühls und – wenn ich es so nennen darf – eine noblere Denkart zu beobachten, die in manchen Kindern schon früh erkennbar werden und meist die Grundlage alles dessen bilden, was im Charakter des Mannes späterhin lobenswert ist.

Mir wurde das befremdliche Mißgeschick zuteil, niemals in den Stand der Ehe zu treten, trotz meiner heißen Sehnsucht nach einer solchen Lebensweise und der tiefen Überzeugung von ihrem höheren Vorteil gegenüber dem Junggesellendasein. Immerhin hat einmal nicht viel daran gefehlt. Ich warb mit siebenundzwanzig Jahren um ein junges Mädchen. So früh schon begann ich die Wirkungen zärtlicher Leidenschaft zu fühlen! Sie war wohlhabend – was man so nennt –, jedoch nicht im Besitz eines solchen Vermögens, wie ich es nach allem wohl vielleicht hätte beanspruchen dürfen. Sie war nicht etwa meine Wahl; meine Mutter hatte nachdrücklich auf ihr bestanden, indem sie mir immer von neuem vorhielt, daß ich genügend Einkommen hätte und auf eine Mitgift nicht angewiesen sei. Obwohl das junge Mädchen, um ihr gegenüber gerecht zu bleiben, Beträchtliches zu erwarten hatte, entsprach sie doch nicht ganz – wie ich schon sagte – meinen Ansprüchen. Meine Mutter predigte mir ewig vor, daß ich Geld genug hätte und es an der Zeit sei, meinen Haushalt zu vergrößern und einen meinen Verhältnissen entsprechenden Entschluß zu fassen. Kurz, auf Grund ihrer Drängelei und meiner Bedürfnisse, die zum Teil in gleiche Richtung liefen (denn ich war, wie gesagt, noch nicht siebenundzwanzig Jahre alt, also in einem Alter, in dem man jugendlichen Gefühlen eine gewisse Hitze wohl nachsehen kann), beschloß ich nach mancherlei Erwägungen, mit vollem Ernst die Angelegenheit der Werbung zu betreiben. Ich war damals ein junger Mann, und da mein Charakter (wie der Leser zweifellos längst schon bemerkt haben wird), einige romantische Züge aufweist, von denen sich gerade das weibliche Geschlecht so eingenommen zeigt, hatte ich alle Veranlassung zu erwarten, daß meine Bewerbung nach kurzer Zeit keineswegs ungünstig aufgenommen würde.

Die Zeit, da ein junger Mensch auf Freiersfüßen geht, ist gewiß die glücklichste seines Lebens. Alle edlen Triebe sind in ihm erwacht, und er lebt doppelt im Austausch seiner Hoffnungen und Wünsche mit einem anderen Wesen. Ach, kehrt für einen kleinen Augenblick zurück, ihr rosigen Ausblicke, ihr flüchtigen Verzauberungen! Ihr Spaziergänge mit Cleora im Mondenscheine auf den schweigsamen Wegen von Vauxhall (notabene: ungefähr eine Meile von Birmingham entfernt und an den Park gleichen Namens in London erinnernd, nur daß der Eintrittspreis hier niedriger ist), wenn die Nachtigall im Juni ihre Gesänge unterbrach, um unseren Liebesgesprächen zu lauschen, und der Mond am Himmel stand (denn wir tranken gewöhnlich den Tee bei Cleoras Mutter, ehe wir aufbrachen – nicht etwa aus Sparsamkeit, sondern um nicht in aller Öffentlichkeit die Teestunde im Garten verbringen zu müssen und um zur rechten Zeit für die ermäßigten Eintrittsgebühren zu kommen, die erst später am Abend galten). Ihr süßen Zwiegespräche der Seelen, da wir uns gegenseitig Treue schworen und von zukünftigen Glückseligkeiten schwärmten. Die verliebten Streitereien, die wir unter jenen Bäumen austrugen bei der Erörterung unserer Wohnungseinrichtung, wobei wir dieses eine Haus ablehnten, weil es düster, wenn auch billig war, ein anderes, weil es trotz angenehmer Lage zu hohen Mietpreis kostete! Das eine Haus stand uns zu sehr inmitten der Stadt, das andere war zu weit vom Geschäft entfernt. Diese Kleinigkeiten werden dem Älteren und Erfahrenen unwichtig erscheinen. Ich schreibe sie auch nur für junge Menschen hin. Alle jugendlich und leidenschaftlich Liebenden (wie Cleora und ich damals) können mich verstehen.

Nachdem wir einige Wochen – wie ich heute wohl sagen darf – vergeudet hatten mit solchen Unterhaltungen verliebter Leute, entschlossen wir uns endlich für das Haus Nummer zweihundertunddrei in der High Street als künftiges Heim, das soeben durch den Tod des Herrn Hutton frei geworden war. Ich hatte bisher immer möbliert gewohnt (und nur ein Geschäftslokal gemietet), um in der Nähe meiner Mutter zu sein; in der Nähe, sage ich, aber nicht im selben Hause; denn das würde zu einer Verquickung unserer Haushaltungen geführt haben, die getrennt zu lassen wünschenswerter war. Oh, die liebevollen Zänkereien, die zärtlichen Meinungsverschiedenheiten, die ich mit Cleora ausfocht, ehe wir uns für das Haus entschieden, das uns aufnehmen sollte! Ich behauptete, des Spaßes halber, die Miete sei zu hoch; sie aber versteifte sich darauf, daß die Ausgaben verhältnismäßig bescheiden seien – bis uns zuletzt die Liebe in der gleichen Wahl wieder versöhnte. Ohne zu übertreiben, glaube ich, daß sie damals auf Verlangen alles von mir hätte haben können. Weder heute noch in Zukunft werde ich bereuen, daß mein Charakter mit einem Anflug von Verschwendungssucht behaftet war. Das Alter kommt schnell genug über uns und wird schon rechtzeitig alles Unzuträgliche derartiger Ausschweifungen ausmerzen. Und es ist vielleicht auch richtig, daß es so ist.

Wie ich schon sagte, trieben die Dinge auf eine Entscheidung zu; nur das Haus war noch nicht fest übernommen, da einige notwendige Abmachungen mit dem Eigentümer den endgültigen Abschluß über sein Angebot verhindert hatten, was die Glut meines jugendlichen Überschwanges zu jener Zeit kaum ertragen konnte (Liebe und Jugend überstürzen so gerne). Einige noch zu treffende Vereinbarungen, sage ich, über sehr wichtige Dinge, die von einem jungen Manne beachtet werden müssen, der im Leben sich einzurichten anschickt, mochten sie auch keineswegs im Einklange stehen mit der Ungeduld meiner damaligen Leidenschaftlichkeit; einige Schwierigkeiten wegen der Bewertung der Einrichtung, die ich heute als von der göttlichen Vorsehung geschickt ansehen muß. Denn nun ereignete sich einer jener unerwarteten Zufälle, die, an sich unbedeutend, dennoch die ernstesten Lebensabsichten in andere Bahnen lenken; ein solcher Zwischenfall machte plötzlich allen meinen Heirats- und Haushaltsplänen ein Ende.

Ich war nie sehr begeistert für Theaterbesuche, und zu keiner Zeit meines Lebens hätte man mich einen Liebhaber von Schaustellungen nennen können. Aber da anläßlich einer Benefizvorführung, die stark besucht zu werden versprach und sich auch tatsächlich als recht ergiebig erwies, Cleora den Wunsch äußerte, dorthin zu gehen, konnte ich nicht umhin – und ich tat es auch gerne –, sie und ihre Mutter zu begleiten und ihnen einen Parkettplatz anzubieten. Es war damals in unserer Stadt nicht üblich, daß Geschäftsleute – mit Ausnahme einiger sehr wohlhabender – einen Sitz in der Loge nahmen. Zur verabredeten Stunde erwartete ich die beiden Damen, die einen jungen Mann, einen entfernten Verwandten, mitbrachten, den sie anscheinend zum Mitkommen aufgefordert hatten. Das störte mich etwas, da ich kaum genug Silbergeld für unsere drei Eintrittskarten eingesteckt hatte und zunächst noch nicht wußte, daß dieser Verwandte für sich selber auslegen wollte. Um ihm aber kein Unrecht zu tun: er bezahlte nicht allein für sich selbst, sondern auch für die alte Dame und überließ es mir also, nur für die zwei Eintrittskarten aufzukommen.

Auf dem Wege zum Theater wurde Cleora auf

einige Orangenverkäuferinnen aufmerksam, die mit ihren Früchten an den Türen herumstanden. Wir gingen Arm in Arm, und ich konnte fühlen, wie sie mich des öfteren mit dem Ellenbogen leise anstieß; erst hinterher fiel mir ein, daß dies eine Aufforderung gewesen sein sollte, ihr einige Orangen zu kaufen. Es scheint in Birmingham und vielleicht auch anderswo üblich zu sein, daß ein Herr, wenn er Damen ins Theater mitnimmt, ihnen solche Früchte anbietet, die ihrer erfrischenden Kühle wegen geschätzt werden – besonders wenn das Haus voll besetzt und drückend warm ist. Aber wie konnte ich das ahnen, da ich niemals in Damengesellschaft zu einem Schauspiel gegangen und ein völliger Neuling bei solchen Lustbarkeiten war? Schließlich rückte Cleora geradezu mit der Bitte heraus, ihr einige „dieser Orangen" zu kaufen, wobei sie auf einen bestimmten Karren deutete. Als ich die Früchte näher untersuchte, schien mir ihr Aussehen in keinem Verhältnis zu ihrem Preis zu stehen. Ich befühlte den Inhalt mehrerer Körbe, aber an jeder Frucht fand ich etwas auszusetzen: einige hatten zu dünne Schalen, andere waren offensichtlich überreif und damit genauso schlecht wie unreife. Ich konnte mich zu einem Kaufe nicht entschließen. Während ich noch mit der Verkäuferin feilschte, in der stillen Absicht, meinen Einkauf bis zum Betreten des Theaters hinauszuzögern, wo ich bessere Auswahl zu finden hoffte, kam der junge Mann, der Vetter, angelaufen (der weggegangen war, ohne daß ich ihn vermißte), seine Innen- und Außentaschen vollgestopft mit Orangen. Da ihm anscheinend die Früchte auf dem Karren so wenig gefallen hatten wie mir, war er drei Häuser zurück zu einem recht bekannten Obstladen geeilt, woran ich in meiner Einfalt nie gedacht hätte. Für einen Preis von zwei Schillingen hatte er dort die besten St.-Michaels-Orangen erstanden, die ich je gekostet habe.

Wie doch die kleinen Ursachen im Leben – wie ich vorhin schon sagte – die größten Wirkungen erzeugen! Die bloße Unaufmerksamkeit gegenüber der Tatsache, daß ein wohlbekannter Obsthändler nur drei Häuser entfernt wohnte, an dem wir soeben vorbeigegangen waren, ohne daß es mir aufgefallen wäre (während der Vetter es ausnutzte), kostete mich die Zuneigung meiner Cleora. Denn von diesem Augenblick an erkaltete sie sichtlich mir gegenüber, und ihre Gefühle übertrugen sich ebenso sichtlich auf diesen Vetter. Ich vermochte mir den Wechsel ihres Betragens lange nicht zu erklären, bis eines Tages in einem zufälligen Gespräch über Orangen meine Mutter mir eine Art Vorwurf machte, als hätte ich Cleora an jenem Abend durch meine Knauserigkeit, wie sie sich ausdrückte, beleidigt.

Selbst heute noch, nachdem Cleora schon einige Jahre mit ihrem aufdringlichen Vetter verheiratet ist, kann ich kaum begreifen, daß eine solche Lächerlichkeit ihre Untreue verursacht haben sollte. Konnte sie denn wirklich glauben, daß ich meine mir teuersten Hoffnungen für die lumpige Summe von zwei

Schillingen opfern würde, nachdem ich sie zum Theater eingeladen hatte und ihre Mutter obendrein, wofür ich doch mehr als viermal soviel zu zahlen bereit gewesen war, wenn nicht dieser junge Mann sich eingemischt und – wie schon erwähnt – für sie mitbezahlt hätte? Aber die Launen der Frauen kann keiner ergründen. Und ich beginne einzusehen, daß meine Mutter recht hatte: denn ohne Zweifel kennt eine Frau die Weiber besser, als wir sie je kennen werden.

TRAUMKINDER

Eine Reverie

Kinder lieben es, Geschichten aus der Jugendzeit ihrer Eltern zu hören, ihre Phantasie bis zu einem überlieferten Großonkel oder einer Großtante hin auszustrecken, die sie niemals gesehen haben. Es geschah aus solchem Verlangen, daß meine Kleinen mich neulich zur Abendzeit bedrängten, ihnen von ihrer Urgroßmutter Field zu erzählen, die einst in Norfolk in einem großen Hause lebte (hundertmal größer als das, in dem sie selbst und ihr Papa wohnen), dem Schauplatz jener tragischen Vorfälle – so glaubte man wenigstens allgemein in diesem Teil der Grafschaft –, die sie jüngst in der Ballade von den „Kindern im Walde" kennengelernt hatten. Gewiß ist jedenfalls, daß diese Geschichte von den Kindern und ihrem grausamen Oheim, hübsch in Holz geschnitzt, auf dem Kaminsims in der großen Halle zu sehen war, die ganze Geschichte mitsamt den Rotkehlchen, bis ein verrückter reicher Mann sie herausriß und einen neumodischen Marmorfries an ihre Stelle setzte – ohne Geschichte darauf. Hier schaute Alice mich mit den Augen ihrer lieben Mutter an, mit einem Blick, zu zärtlich, als daß er mißbilligend hätte genannt werden dürfen. Ich fuhr mit der Beschreibung fort, wie fromm und wie gut ihre Urgroßmutter Field gewesen war, wie beliebt und geachtet von jedermann, obgleich sie gar nicht die Besitzerin dieses Schlosses gewesen (aber doch in gewissem Sinne als seine Herrin angesehen werden konnte), da sie es nur im Auftrage des Eigentümers betreute, der in einer neugekauften, bequemeren Wohnung irgendwo in der benachbarten Grafschaft zu leben vorzog. Sie verbrachte ihre Jahre in dem Palast, als wäre er ihr eigen gewesen, und hielt seine Würde zu ihren Lebzeiten in Ehren. Später verfiel er ganz und wurde nahezu abgerissen. Alle die alten Ornamente zerrte man herab und schaffte sie in das andere Haus des Besitzers, wo sie sich in der neuen Umgebung so fremd ausnahmen, als hätte jemand die schönen Grabplatten, welche die Kinder kürzlich in der Abtei besahen, weggetragen und in Lady C.s geschmacklos-vornehmem, vergoldetem Empfangssalon aufgestellt. Hier lächelte John, als wollte er sagen: das wäre wirklich zu dumm. Dann schilderte ich, wie die Urgroßmutter zum Sterben kam und wie bei ihrem Begräbnis alle Armen aus der Nachbarschaft und viele Meilen weit im Umkreis zusammenströmten und auch einige vom Landadel, um ihr Andenken zu ehren, weil sie solch eine gute und fromme Frau gewesen war; wahrhaftig so tugendreich, daß sie alle Psalmen auswendig wußte, ja, und dazu noch einen großen Teil des Neuen Testamentes. Hier hob die kleine Alice staunend die Hand. Dann sagte ich, was für eine großmütige, aufrechte und anmutige Frau ihre Urgroßmutter Field einst gewesen und wie sie in ihrer Jugend als beste Tänzerin gegolten hatte – da klopfte Alices kleiner rechter Fuß einen unwillkürlichen Takt, mit dem sie aber auf meinen ernsten Blick hin sofort aufhörte. Als beste Tänzerin, sagte ich, in der ganzen Grafschaft, bis eine grausame Krankheit kam, Krebs genannt, und sie vor Schmerzen niederbeugte. Aber doch konnten die Leiden ihren frohen Mut nie brechen oder sie ganz zur Erde beugen – immer wieder hielt sie sich wacker, weil sie so gut und fromm war. Dann erzählte ich, wie sie allein in einem einsamen Zimmer des großen, verlassenen Hauses zu schlafen pflegte und zur Mitternachtszeit die Erscheinung zweier Kinder im Treppenhause, ganz in ihrer Nähe, auf und ab schweben sah, von der sie sagte: „Diese Unschuldigen werden mir nichts zuleide tun.“ Und wie ich mich immer fürchtete, obgleich ich damals mit einem Kindermädchen zusammen schlief, weil ich niemals auch nur halb so fromm oder so gut wie sie gewesen war – und doch sah ich die Kinder kein einziges Mal. Hier zog John die Augenbrauen hoch und versuchte mutig dreinzuschauen. Dann fuhr ich fort, wie gut sie zu allen ihren Enkelkindern war, wenn sie uns in den Ferien in das große Haus einlud, wo ich vor allem viele Stunden allein damit verbrachte, die alten Büsten der zwölf Cäsaren anzustarren, die Kaiser von Rom gewesen waren – so lange, bis die alten Marmorköpfe wieder lebendig schienen oder bis ich wie sie zu Stein wurde. Wie ich niemals müde ward, umherzustreifen in dem weitläufigen Palast mit seinen unbenutzten leeren Sälen, mit den zerschlissenen Wandteppichen, flatternden Vorhängen und geschnitzten Eichentäfelungen, von denen die Vergoldung fast ganz abgerieben war, oder auch in den ausgedehnten, altertümlichen Gärten, die mir ganz überlassen blieben und nur dann und wann einen einsamen Gärtner sahen, wo die Nektarinen und Pfirsiche über die Mauern hingen, ohne daß ich sie jemals abzupflücken versuchte (bis auf einige wenige Male), weil es verbotene Früchte waren und weil ich größeres Vergnügen hatte an einem Spaziergang unter den alten, melancholisch aussehenden Taxushecken und Föhren und an dem Sammeln von Rotbeeren und Tannenzapfen, die zu nichts gut waren als zum Anschauen, oder am Faulenzen auf dem frischen Rasen mit all den schönen Gartendüften rings um mich, am Sonnenbad in der Orangerie, bis ich mich wie die Orangen und Zitronen in der angenehmen Wärme reifen fühlte, oder am Betrachten der Fischlein, die hin und her schossen in dem Teich am Ende des Gartens, in dem hier und dort ein großer, mürrischer Hecht in der stillen Mitte des Wassers hing und ihrem übermütigen Spiel mit überlegener Verachtung zuzuschauen schien. Ich fand meist größeres Gefallen an diesen sanftbewegten Zerstreuungen als an allen süßen Gerüchen der Pfirsiche, Nektarinen, Orangen und ähnlichen beliebten Lockspeisen für Kinder. Hier legte John verstohlen eine Weintraube auf die Schüssel zurück, die er, nicht unbeobachtet von Alice, mit ihr zu teilen gedacht hatte, und beide schienen willens, sie als belanglos für den Augenblick außer acht zu lassen. Dann schilderte ich mit etwas erhobener Stimme, wie ihre Urgroßmutter Field, obgleich sie alle ihre Enkelkinder liebte, doch in besonderer Weise den Onkel John L . . . liebgewonnen hatte, weil er ein so hübscher und lebendiger Junge und der König von uns allen war, der, statt in verlassenen Ecken herumzuschmollen wie einige von uns, lieber auf das feurigste Pferd stieg, das er finden konnte, und sich wie ein kleiner Kobold an einem Morgen durch die halbe Grafschaft tragen ließ, wobei er die Jäger besuchte, wenn welche draußen waren – und doch liebte auch er das alte Schloß und seine Gärten, aber er war viel zu lebhaft, um nur immer in den Mauern hocken zu bleiben. Und wie ihr Onkel heranwuchs zu einem Mann, tapfer und schön, bewundert von jedermann und zur besonderen Freude der Urgroßmutter Field; und wie er mich manche Meile auf dem Rücken trug, als ich mir einmal den Fuß verletzt hatte und vor Schmerzen nicht mehr laufen konnte – denn er war um einige Jahre älter als ich. Und wie er im späteren Leben selbst gelähmt war und ich (fürchte ich) nicht genug Nachsicht mit ihm hatte, wenn er ungeduldig und in Schmerzen war, noch mich genügend erinnerte, wie besorgt er sich um mich gezeigt, als ich mir damals den Fuß verstaucht hatte. Und wie es mir bei seinem Tode schien, als wäre er bereits lange gestorben, obwohl er erst eine Stunde tot war – solch eine seltsame Entfernung ist zwischen Leben und Tod. Und wie es mir zuerst ganz einfach schien, seinen Tod zu ertragen, er mich später aber bedrückte und schmerzte; und obgleich ich nicht weinte und es mir zu Herzen nahm, wie einige tun und auch er vielleicht getan hätte, wenn ich gestorben wäre, vermißte ich ihn doch alle Tage und wußte da erst, wie sehr ich ihn geliebt hatte. Mir fehlten seine Freundlichkeit und seine Launen, und ich wünschte ihn wieder lebendig und wollte lieber mit ihm streiten (denn wir stritten zuweilen), als ihn nie wieder zu haben. Und ich fühlte mich so unglücklich ohne ihn, wie er, der arme Onkel, sich gefühlt haben muß, als der Doktor ihm das Bein abschnitt. Hier begannen die Kinder zu weinen. Und als ich fragte, ob sie Onkel Johns wegen traurig seien, schauten sie auf und baten mich, nicht länger von dem Onkel zu sprechen, sondern etwas von ihrer lieben, toten Mutter zu erzählen. So sagte ich ihnen denn, wie ich sieben lange Jahre – manchmal in Hoffnung und manchmal in Verzweiflung, aber mit immer gleicher Ausdauer – die schöne Alice W-n umworben hätte, und ich erklärte ihnen, soviel Kinder davon verstehen mögen, was Scheu und Verhaltenheit und Widerstreben den Mädchen bedeuten – als plötzlich bei einer Wendung zu Alice die Seele der ersten

Alice aus ihren Augen leuchtete, mit solch schmerzhafter Klarheit der Wiederkunft, daß ich zu zweifeln begann, welche von beiden nun vor mir saß und welcher das blonde Haar gehörte. Und da ich im Aufschauen verharrte, verblaßten beide Kinder langsam vor meinen Augen, schwanden und schwanden immer weiter dahin, bis nichts mehr blieb als zwei trauernde Gesichtchen in ganz weiter Ferne, die ohne Worte mir doch vernehmlich zuraunten: „Wir sind nicht von Alice, noch sind wir von dir – wir sind überhaupt keine Kinder. Die Kinder von Alice nennen Bartrum ihren Vater. Wir sind nichts; weniger als nichts und – Träume. Wir sind nur das, was einmal hätte sein können, und müssen an den grauen Ufern des Lethe-Stromes Millionen von Jahren warten, ehe wir ins Dasein treten und einen Namen tragen dürfen . . .“ – und unvermittelt erwachend, fand ich mich still in meinem Junggesellenlehnstuhl sitzen, in dem ich eingeschlafen war; neben mir unverändert die treue Bridget. Aber John Lamb war für immer gegangen.

MODERNE RITTERLICHKEIT

Bei einem Vergleich der heutigen mit den alten Sitten tun wir uns manches zugute auf unsere Ritterlichkeit, eine gewisse Beflissenheit, einen achtungsvollen Respekt, den wir angeblich den Frauen – als Frauen – erweisen.

Ich will glauben, daß dieser Grundsatz unsere Haltung bestimmt, wenn ich vergessen könnte, daß wir im neunzehnten Jahrhundert dieser Ära, welche die Entwicklung unserer höflichen Sitten sah, gerade erst Abstand zu nehmen beginnen von der sehr verbreiteten Gepflogenheit, Frauen in aller Öffentlichkeit genauso auszupeitschen wie die gemeinsten männlichen Verbrecher.

Ich will glauben, daß dieser Grundsatz wirksam ist, wenn ich die Augen vor der Tatsache verschließen könnte, daß gelegentlich in England Frauen immer noch – gehängt werden.

Ich will daran glauben, wenn Schauspielerinnen nicht mehr auf offener Bühne von wohlerzogenen Herren ausgepfiffen werden.

Ich will daran glauben, wenn der vornehme Stutzer einem Fischweib über den schmutzigen Rinnstein hilft oder der Obstverkäuferin beisteht, die davonrollenden Früchte aufzusammeln, die ihr umgestürzter Karren soeben verstreute.

Ich will daran glauben, wenn die kleinbürgerlichen Schwerenöter, die ihrerseits für anerkannte Beflissene der feinen Lebensart gehalten werden wollen, nach dem genannten Grundsatz handelten an Orten, wo man sie nicht kennt und wo sie sich unbeobachtet glauben; wenn ich sähe, daß der Reisende eines großen Handelshauses seinen vielbewunderten Regenmantel über die schutzlosen Schultern des armen durchnäßten Weibes breitet, die neben ihm im Regen auf dem Dach der Postkutsche in ihr Heimatdorf fährt; wenn ich im Parkett eines Londoner Theaters keine Dame mehr stehen sähe, die vor Erschöpfung und Schwäche umzusinken droht inmitten bequem dasitzender Herren, die sich über ihre Pein lustig machen, bis einer mit mehr Anstand und Gewissen als die übrigen vernehmlich äußert, sie könne sich gerne auf seinen Platz setzen, wenn sie nur etwas jünger und hübscher wäre. Stelle aber jenen Handelsvertreter oder diesen Reisenden in den Kreis seiner eigenen weiblichen Bekanntschaft, und du müßtest zugeben, dir sei noch kein so wohlerzogener Mann in ganz Lothbury vor die Augen gekommen.

Schließlich werde ich zu glauben beginnen, daß ein solcher Grundsatz unser tägliches Leben bestimmt, wenn nicht mehr der größere Teil aller Plackerei und aller niedrigen Dienste dieser Erde auf den Schultern der Frauen liegt.

Bis dieser Tag kommt, werde ich die so gerühmte

Artigkeit nur für eine konventionelle Lüge halten, für ein zwischen den Geschlechtern gewisser Stände und gewisser Lebensalter verabredetes Possenspiel, bei dem jeder auf seine Rechnung kommt.

Ich bin sogar geneigt, es zu den heilsamen Lügen des Lebens zu zählen, wenn ich in den besseren Kreisen die gleichen Aufmerksamkeiten dem Alter wie der Jugend erwiesen sehe, den häßlichen Gesichtern wie den hübschen, den rotbäckigen wie den blaß-zarten – der Frau als Frau, nicht der Schönheit, dem Vermögen oder dem Titel.

Ich werde glauben, daß es diese Artigkeit nicht nur dem Namen nach gibt, wenn ein gutgekleideter Herr in gutgekleideter Gesellschaft das Thema der „alten Jungfern" berühren kann, ohne ein Grinsen hervorzurufen und hervorrufen zu wollen; wenn die Ausdrücke „spätes Mädchen" oder „sie ist sitzengeblieben" in anständiger Gesellschaft einen unmittelbaren Widerwillen erwecken bei jedem Mann und jeder Frau, die sie hören.

Joseph Paice von Breadstreet-Hill, Kaufmann und einer der Direktoren der Südsee-Gesellschaft, dem der Shakespeare-Kommentator Edwards ein hübsches Sonett gewidmet hat, war das einzige Vorbild unwandelbarer Ritterlichkeit, dem ich begegnet bin. Er nahm mich schon in früher Jugend in seine Obhut und verwandte keine geringe Mühe auf mich. Seinem Hinweis und Beispiel verdanke ich alles, was ich überhaupt als Geschäftsmann bin (und das ist nicht viel). Doch es war nicht sein Fehler, daß ich nicht mehr erreicht habe. Obwohl er als Presbyterianer geboren und als Kaufmann erzogen wurde, war er der kultivierteste Gentleman seiner Zeit. Er hatte nicht eine Art von Aufmerksamkeit gegen Frauen im Salon, eine andere im Geschäft, eine weitere in der Theaterloge. Damit will ich nicht sagen, daß er keine Unterschiede zu machen wußte. Aber er übersah nirgendwo das zarte Geschlecht und verleugnete es auch nicht bei gelegentlichen ärgerlichen Zwischenfällen. Ich habe ihn mit dem Hut in der Hand – lächle, wenn du magst – vor einem armen Dienstmädchen stehen sehen, das ihn nach irgendeiner Straße fragte – in einer Haltung von solch ungezwungener Höflichkeit, daß weder ihr deren Annahme noch ihm das Angebot Verlegenheit bereitete. Er war kein Frauenliebhaber im üblichen Sinne des Wortes, aber er verehrte und achtete Weiblichkeit in allen ihren Formen. Ich sah ihn – nein, lächle nicht – bei einem Regenschauer rücksichtsvoll eine Marktfrau begleiten und seinen Regenschirm über ihren Gemüsekorb halten, auf daß beide keinen Schaden nähmen; er tat es mit solcher Sorgfalt, als hätte er eine Gräfin neben sich. Dem ehrwürdigen Greisenalter der Frau räumte er den Ehrenplatz ein (eine alte Bettlerin ließ er rechts gehen), und mit feinfühligerer Rücksichtnahme, als wir sie unsern Großmüttern entgegenzubringen pflegen. Er war der Chevalier Preux seiner Zeit, der Sir Calidore oder Ritter Tristan allen denen, die keinen Calidore oder Tristan zu ihrem Schutze haben. Lange schon verwelkte Rosen blühten für ihn immer noch auf verblichenen und vergilbten Wangen.

Er hatte nie geheiratet, jedoch in seiner Jugend um die schöne Susan Winstanley, die Tochter des alten Winstanley von Clapton, geworben. Sie war in den ersten Tagen der Brautschaft gestorben und hatte in ihm den Entschluß zu dauerndem Junggesellentum begründet. Es geschah während der kurzen Zeit seiner Werbung, so erzählte er mir, daß er sich eines Tages seiner Angebeteten mit einem Schwall höflicher Redensarten – den üblichen Galanterien – näherte, gegen die sie bislang niemals einen Widerwillen gezeigt hatte; diesmal aber machten sie keinen Eindruck. Er vermochte keinerlei schickliche Antwort zu erhalten, vielmehr schien sie seine Komplimente beinahe übelzunehmen. Einer Laune konnte er dies nicht zuschreiben, da die Dame sich stets über solche Schwäche erhaben gezeigt hatte. Als er sie am nächsten Tage in besserer Stimmung fand und sie über die gestrige Kühle zu befragen wagte, gestand sie mit der ihr eigenen Offenheit, daß ihr seine Aufmerksamkeiten keineswegs mißfielen; daß sie auch einige hochtrabende Komplimente ertragen könne; daß eine junge Dame ihres Standes das Recht habe, alle erdenklichen Höflichkeiten zu erwarten; daß sie sogar ein gewisses Maß an Schmeichelei bis nahe an die Grenze der Unaufrichtigkeit hinnehmen könne, mit ebenso wenig Schaden für ihre Bescheidenheit wie die meisten jungen Frauen. Bevor er aber gestern mit seinen

Komplimenten begonnen habe, habe sie zufällig eine ziemlich schroffe und herabwürdigende Unterhaltung mit einem jungen Mädchen angehört, das ihm seine Krawatten nicht zur festgesetzten Zeit überbrachte. Und sie habe sich gesagt: Da ich Miss Winstanley bin, eine junge Dame, eine anerkannte Schönheit und begehrt wegen meines Vermögens, habe ich das Glück, die erlesensten Redewendungen aus dem Munde dieses ausgezeichneten Herrn, der mir den Hof macht, zu hören. Aber wäre ich die arme Mary Soundso (sie nannte den Namen der Näherin) und hätte es versäumt, ihm rechtzeitig die Krawatten zu liefern, obwohl ich vielleicht die halbe Nacht darüber saß und nähte – welche Art von Komplimenten würde ich da empfangen haben? Und mein Frauenstolz kam mir zu Hilfe, und ich dachte, wenn dies alles *mir* allein zu Ehren geschieht, müßten auch andere weibliche Wesen eine artigere Behandlung verdienen. Und ich entschloß mich, keine schönen Reden mehr anzuhören auf Kosten dieses Geschlechtes, dem anzugehören mein stärkster Anspruch und meine Ehre ist.

Ich glaube, die Dame bewies mit diesem Tadel ihres Verlobten sowohl Seelenadel als auch eine gerechte Denkart, und manchmal habe ich daran gedacht, ob die ungewöhnliche Ritterlichkeit, die mein Freund sein Leben lang in Worten und Taten gegenüber allen Frauen unterschiedslos bewies, ihren glücklichen Ursprung dieser rechtzeitig erteilten Lehre von den Lippen der toten Geliebten verdankte.

Ich wünschte, alle Frauen würden sich Miss Winstanleys Ansicht von diesen Dingen zu eigen machen. Dann würde etwas von dem Geiste unerschütterlicher Ritterlichkeit offenbar werden und nicht länger der unbeständige Wankelmut des Mannes zutage treten, der ein Muster wahrer Höflichkeit gegen seine Frau, ein kalter Verächter und Grobian gegen seine Schwester, ein Anbeter seiner Geliebten, ein Verspotter und Verhöhner seiner nicht weniger weiblichen Tante oder seiner unglücklichen altjüngferlichen, aber immer noch weiblichen Base ist.

So viel Achtung eine Frau ihrem eigenen Geschlechte, ihrer Zofe und ihrer Magd, vorenthält, so viel verdient auch ihr genommen zu werden. Vielleicht wird sie diese Herabwürdigung erst bemerken, wenn Jugend, Schönheit und andere weibliche Reize ihre Anziehungskraft verlieren. Was eine Frau von einem Manne bei seiner Werbung – und nachher – verlangen sollte, ist zunächst die Achtung vor ihr als Frau, und dann erst: von ihm über alle anderen Frauen gestellt zu werden. Sie soll vor allem auf ihrer Weiblichkeit bestehen und die Aufmerksamkeiten und Zeichen persönlicher Zuneigung – so reich und vielgestaltig sie auch sein mögen – als Zubehör und Schmuck ihrer weiblichen Bestimmung betrachten. Und sie empfange diese erste Lehre von der lieben Susan Winstanley: *das eigene Geschlecht zu ehren.*

EIN KAPITEL ÜBER OHREN

Ich habe kein Ohr.

Versteh mich nicht falsch, Leser – glaube nicht, daß ich von Hause aus die abstehenden Zwillingsanhängsel entbehre, diese Hängeornamente und (architektonisch gesprochen) zierlichen Voluten des menschlichen Kapitells. Es wäre denn besser gewesen, meine Mutter hätte mich nie geboren. Ich habe zwar eher zu wenig als zu viel von diesen Ohrbrezeln, bin aber keineswegs geneigt, das Maultier um die Fülle und den Maulwurf um die Schärfe ihrer sinnreich gewundenen Lauscher, ihrer so unentbehrlichen Seitenkundschafter zu beneiden.

Auch habe ich mir – wie Defoe – weder ungewollt noch mit Absicht jene schreckliche Verstümmelung zugezogen, die ihn zwang, sich auf seine Selbstsicherheit zu verlassen, um mit einem fehlenden Ohr „ohne Scham" und gelassen zu bleiben. Nie stand ich – Dank sei meinen Sternen – am Pranger, und es liegt, wenn ich sie richtig deute, auch nicht im Schoß meines Schicksals, jemals an den Schandpfahl zu kommen.

Wenn ich also sage, ich habe kein Ohr, wird man verstehen, daß ich meine: *für die Musik.* Die Behauptung, mein Herz sei niemals geschmolzen im

Einklang süßer Töne, wäre jedoch eine übertriebene Selbstverhöhnung. „Tauet, Himmel, den Gerechten" verfehlte nie, mich sonderbar zu rühren. So geht es mir auch bei „Aus der Jugendzeit". Aber diese Lieder wurden einst zur Begleitung des Spinetts (jenes altväterlichen Instruments, das damals Mode war) von einer Dame gesungen, der edelsten wahrlich, die jemals diesen Namen verdiente, der reizenden ... – doch warum sollte ich zögern, Mrs. S. zu nennen, die einst als blühende Fanny Weatheral vom Temple die Macht besaß, die Seele des Elia erschauern zu lassen, als er noch ein kleiner Schelm in einer blauen Schüleruniform war. Sie ließ ihn erbeben, erröten und erglühen in einem Gefühl, das doch nur eine erste Morgenröte jener verzehrenden Leidenschaft war, die sein ganzes Wesen überwältigen und hinschmelzen lassen sollte – für Alice W.

Ich glaube sogar, daß ich ein Gefühl für Harmonie besitze, wenn auch meine Organe nicht in der Lage sind, eine Melodie zu begreifen. Ich habe mein ganzes Leben lang „God save the King" geübt und es in einsamen Winkeln immer wieder vor mich hin gesummt und gepfiffen. Ich habe die Melodie, wie man mir sagte, bisher nur erst mit einigen Schwankungen nach oben und unten getroffen – wovon übrigens meine Loyalität dem König gegenüber gewiß nicht berührt wird.

Ich hege mitunter den Verdacht, daß ich eine unentwickelte musikalische Begabung in mir trage.

Neulich morgens klimperte ich in genialer Weise auf dem Piano meines Freundes A., der im Nebenzimmer beschäftigt war. Bei seiner Rückkehr geruhte er zu sagen: „Ich dachte mir doch gleich, daß es nicht das Dienstmädchen gewesen sein konnte." In der ersten Überraschung, die Tasten in einer irgendwie leichten und virtuosen Weise behandelt zu hören, hatte er seinen Argwohn – da ich ihm nicht im Traume einfiel – auf Jenny gerichtet. Aber die Anmut, dieser Abglanz meiner höheren Kultur, ließ ihn bald innewerden, daß ein technisch vielleicht unzulängliches, doch von einem allen schönen Künsten gemeinsamen Prinzip erfülltes Wesen die Tasten zu Weisen beflügelte, die eine Jenny mit all ihrer (weniger kultivierten) Begeisterung ihnen niemals entlockt haben könnte. Ich erwähne dies als Beweis für den Scharfsinn meines Freundes und nicht, um Jenny zu verunglimpfen.

Mit meinem Verstand habe ich niemals zu begreifen vermocht (obwohl ich mir einige Mühe gegeben habe), was eine Note in der Musik bedeutet und wie sich eine Note von einer anderen unterscheidet. Noch weniger vermag ich Stimmen auseinanderzuhalten, etwa einen Sopran von einem Tenor. Nur mitunter gelingt es mir, einen Generalbaß zu vermuten, weil er so außerordentlich rauh und unangenehm ist. Jedoch zittere ich auch hierbei vor dem falschen Gebrauch der einfachsten Namen für das, worauf ich doch verzichten muß. Bei dem

Bekenntnis meiner Unwissenheit vermag ich kaum anzugeben, wessen ich nun unkundig bin. Ich hasse vielleicht nur die Verwendung falscher Namen. *Sostenuto* und *adagio* sind mir gleich dunkel, und *Sol*, *Fa*, *Mi*, *Re* ähnliche Zauberformeln wie *Baralipton*.

Es ist hart, allein zu stehen in einer Zeit wie dieser (die nach meiner tiefen Überzeugung so befähigt ist für das schnelle und kritische Erfassen aller Harmonien – weit mehr als die vorangegangenen Jahrhunderte, seit Jubal über die erste Tonleiter stolperte), sozusagen als einziger unbeeindruckt zu bleiben von den magischen Wirkungen einer Kunst, die eine so eigenartige Gewalt besitzen soll, Leidenschaften zu mildern, zu läutern und zu veredeln. Dennoch will ich den aufrichtigen Strom meiner Bekenntnisse nicht eindämmen, sondern lieber gleich gestehen, daß ich dieser vielgefeierten Zauberkraft mehr Kummer als Vergnügen zu verdanken habe.

Ich bin von Natur aus empfindsam für Geräusche. Der Hammer eines Zimmermanns an einem heißen Sommernachmittag bringt mich in schlimmere Wallungen als die rasende Hitze der Hundstage. Aber diese vereinzelten, regellosen Klänge sind Lappalien im Vergleich zu den wohlabgemessenen Bosheiten der Musik. Das Ohr leidet still bei vereinzelten Schlägen; es erträgt langmütig jene Hiebe, weil es keinen Anlaß fühlt, mitzutun. Der Musik gegenüber aber kann es nicht gleichgültig bleiben. Es will mitkämpfen – meines zumindest will es –, obwohl es unfähig ist, das Knäuel zu entwirren, wie sich ein ungeübtes Auge mühselig mit den Hieroglyphen abquält. Ich habe eine italienische Oper durchgestanden, bis ich vor schierer Pein und unerklärlicher Angst hinausstürzte auf die lärmendsten Plätze, in die volkreichsten Straßen, um mich mit Geräuschen zu trösten, denen zu folgen niemand mich zwang, um loszukommen von der verrückten Nötigung endlosen, fruchtlosen, geistlosen Zuhörenmüssens! Ich nahm meine Zuflucht zu der anspruchslosen Gesellschaft ehrbarer, alltäglicher Laute, und dieses Fegefeuer jedes besessenen Musikers wurde mein Paradies.

Ich habe einem Oratorium beigewohnt (dieser Entwürdigung der hohen Bestimmung eines Theaters), ohne eine Miene zu verziehen oder gar eine schwache Bewegung vorzutäuschen, während ich die Gesichter des Publikums im Parkett beobachtete (welcher Gegensatz zu Hogarths „Lachenden Zuschauern“!) – bis ich mich in irgendein kaltes Theater im Hades versetzt glaubte (einige behaupten ja, unser Treiben in der nächsten Welt werde nur das Schattenspiel sein von dem, was uns in dieser so entzückte), wo gewisse irdische Formen ohne das dazugehörige Vergnügen beibehalten werden müssen. Es war wie

. . . jene Gesellschaft im Saale,
Alle still und alle verdammt.

Vor allem aber plagen und verbittern mein Empfinden jene unleidlichen Konzerte und Musikstücke, wie man sie nennt. Worte bedeuten etwas; aber einem nicht aufhörenden Granatfeuer bloßer Klänge ausgesetzt sein und sich nach dem Tod sehnen, ausgestreckt auf einer Folterbank von Rosen; in einer Schlaffheit und Mattigkeit ohnegleichen durch nie abreißende Geräusche wachgehalten werden; Honig auf Zucker und Zucker auf Honig häufen zu einer unbeschreiblichen, faden Süßigkeit; Töne mit Gefühl beladen und Vorstellungen bemühen, die mit ihnen Schritt halten; auf leere Rahmen starren und gezwungen sein, die Bilder selbst zu malen; ein Buch lesen, das nur aus Satzzeichen besteht, und dann den Text selbst herbeischaffen müssen; Stegreiftragödien verfassen, um den vagen Gesten eines unverständlich schwärmenden Mimen Inhalt zu verleihen – diese Ängste sind nur schwache Schatten von dem, was ich beim Anhören einer ganzen Reihe von hervorragend gespielten Stücken dieser leeren Instrumentalmusik erduldete.

Ich leugne nicht, daß ich zu Beginn eines Konzertes mitunter etwas unwiderstehlich Einlullendes und auch Angenehmes verspürte – hinterher aber folgten die Mattigkeit und Bedrückung. Wie jenes enttäuschende Buch auf Patmos oder wie das von Burton geschilderte Herannahen der Melancholie, so schleicht die Musik unbemerkt näher: „Es ist sehr angenehm für Menschen, die zur Melancholie neigen, allein in einem kühlen Grunde zwischen

Wald und Wasser, am Rande eines Bächleins zu wandeln und ergötzlichen und freundlichen Gedanken nachzuhängen: *amabilis insania* und *mentis gratissimus error*. Oh, unvergleichliches Vergnügen, Luftschlösser zu bauen, sich selbst zuzulächeln, eine unendliche Vielfalt von Rollen zu spielen und sich allen Ernstes als Schauspieler oder Zuschauer zu fühlen. Solche Tändelei ist zuerst so köstlich, daß Menschen Tage und Nächte ohne Schlaf damit verbringen können und selbst ganze Jahre derartigen Betrachtungen und phantastischen Vorstellungen widmen, die Träumen gleichen und kaum von ihnen zu trennen sind, die sich aufziehen und ablaufen wie Uhren und dabei eine heitere Stimmung erzeugen, bis schließlich die *Szene sich plötzlich wandelt* und sie nun gewöhnt sind an solche Meditationen und einsamen Plätze, keine Gesellschaft mehr ertragen und nur an verdrießliche und abgeschmackte Dinge denken können. Furcht, Sorge, Mißtrauen, *subrusticus pudor*, Unzufriedenheit, Beschwerden und Lebensüberdruß befallen sie mit einem Male, und sie vermögen nichts anderes mehr zu empfinden: immer argwöhnisch und mißtrauisch, schlagen sie kaum die Augen auf, und schon ergreift sie die infernalische Plage der Melancholie, erschreckt ihre Seelen und führt ihnen trübe Gestalten vor, von denen sie sich nun durch kein Mittel, keine Arbeit, keine Überlegung mehr befreien und losreißen können."

Ähnliches wie diese „Verwandlung der Szene"

habe ich bei Abendgesellschaften im Hause meines guten katholischen Freundes Novello erfahren, der als vollendeter Organist mit Hilfe einer mächtigen Orgel seinen Salon in eine Kapelle, seine Wochentage in Sonntage und diese in kleine Paradiese zu verwandeln versteht.

Wenn mein Freund eine jener feierlichen Hymnen anhebt, die von ungefähr mein sorgloses Ohr treffen, wandele ich – fünfunddreißig Jahre zurück – in den Seitenschiffen der dämmerigen Abtei, erwacht in mir ein neuer Sinn und erhebt sich der Geist des alten Glaubens – sei es nun jene Hymne, in der sich der Psalmist voller Traurigkeit Taubenschwingen wünscht, weil er der Bosheiten und Verfolgungen müde ist, oder jene andere, die im gleichen getragenen und pathetischen Rhythmus nach dem Mittel fragt, mit dem der jugendliche Mensch am besten seinen Geist reinigt. Es durchdringt mich eine heilige Ruhe, und ich bin vollends

> . . . der Erde entrückt und genieße die Freuden,
> die niemand mir bei der Geburt versprach.

Aber wenn dieser Zauberkünstler sich nicht begnügt mit dem Absturz meiner Seele in den Staub, wenn er mit Macht und Eifer fortfährt, sie mit mehr Wonne zu erfüllen, als sie aufzunehmen vermag, um ihr „Irdisches“ mit seinem „Himmlischen“ zu überwältigen, und wenn er sie in langen Stunden mit immer neuen Wogen überschüttet, frisch aus dem Meer der Töne oder dem unerschöpflichen deutschen Ozean, auf dem in triumphierendem Zuge jene Arione Haydn und Mozart auf dem Rücken von Delphinen daherschwimmen nebst dem tritonischen Geleit von Bach und Beethoven und zahllosen Stammesbrüdern, deren bloße Anrufung mich von neuem in alle Tiefen taucht – dann schwanke ich unter dem Gewicht der Harmonien und taumele hin und her am Rande meiner Vernunft; Wolken aus Weihrauch umnebeln mich – Priester, Altäre und Rauchfässer tanzen vor meinen Augen – der Genius *seiner* Religion hat mich in seinem Netz gefangen – eine schattenhafte dreistufige Tiara bedeckt das Haupt meines Freundes, das soeben noch nackt und kahl war – er ist nun Papst – und neben ihm sitzt, absurd wie im Traum, eine Päpstin, tiaragekrönt wie er selbst! Ich bin bekehrt und doch noch Protestant, ein Ketzerhammer und zugleich der Ketzerfürst: drei Häresien überschneiden sich in mir – ich bin Marcion, Ebion und Cerinthus – Gog und Magog – was nicht alles . . .? bis die Ankunft des freundlichen Tabletts mit dem Abendessen die Trugbilder zerstreut und ein Schluck echten lutherischen Bieres (dem gegenüber mein Freund sich wirklich nicht bigott erweist) mich sofort wieder mit den Vernunftgründen eines reineren Glaubens versöhnt und mir den wahren, von Schrecken befreiten Anblick meines liebenswürdigen Gastgebers und der Dame des Hauses wiederschenkt.

EINES JUNGGESELLEN KLAGE ÜBER DAS BENEHMEN VON EHELEUTEN

Als alleinstehender Mann habe ich ein gut Teil meiner Zeit darauf verwandt, die Schwächen verheirateter Leute aufzuzeichnen, um mich über jene höheren Genüsse zu vertrösten, die mir – so sagen sie – entgangen sind, da ich blieb, was ich bin.

Ich kann nicht behaupten, daß die Streitigkeiten zwischen Ehemännern und ihren Frauen jemals einen großen Eindruck auf mich gemacht oder eine Stärkung jenes gegen die Geselligkeit gerichteten Entschlusses bewirkt hätten, den ich lange vorher auf Grund gewichtigerer Überlegungen getroffen hatte. Was mich vielmehr in den Häusern von Eheleuten, in denen ich verkehre, am meisten beleidigt, ist ein Übel ganz anderer Art: sie tun zu verliebt. Nicht, daß sie sich zu sehr liebten – so meine ich es nicht. Abgesehen davon: warum sollte mich das beleidigen? Allein die Tatsache, daß sie sich von der übrigen Welt absondern, um sich besser aneinander erfreuen zu können, schließt ein, daß sich diese beiden einander aller Welt vorziehen.

Aber was ich beklage, ist dies: sie tragen dieses Vorziehen so unverhüllt zur Schau und führen es uns unverheirateten Leuten in einer so schamlosen Weise vor, daß du keinen Augenblick in ihrer Gesellschaft sein kannst, ohne daß sie dich durch einen versteckten Hinweis oder ein offenes Bekenntnis fühlen lassen, daß *du* nicht der Gegenstand dieser Neigung bist. Nun gibt es Dinge, die nicht beleidigend wirken, solange sie nicht eigens ausgesprochen oder als selbstverständlich hingenommen werden; spricht man sie aber aus, so fühlt man den Stachel. Wenn ein Mann zu der ersten besten nichtssagenden und anspruchslos gekleideten Dame seiner Bekanntschaft hingeht, um ihr frei heraus zu sagen, daß sie nicht hübsch oder reich genug für ihn sei und er sie deshalb nicht heiraten könne, würde er seiner schlechten Manieren wegen einen Tritt verdienen. Immerhin spricht die Tatsache für sich, daß kein Mann es je für geraten gehalten hat, so etwas zu tun, obgleich er die Bekanntschaft und die Gelegenheit dazu hatte. Die junge Frau versteht dies so gut, als wäre es in Worte gekleidet, und keine verständige Dame würde es zum Anlaß eines Streites nehmen. Genausowenig Recht hat ein verheiratetes Paar, mir mit Redensarten und Blicken, die kaum weniger deutlich sind, zu sagen, daß ich nicht der glückliche Mann bin und nicht – die Wahl der Dame. Es genügt mir zu wissen, daß ich es nicht bin; ich brauche nicht ewig daran erinnert zu werden.

Das Zurschaustellen überlegener Kenntnisse oder Reichtümer kann zu einer ziemlichen Prüfung ausarten; doch immerhin ist meist eine kleine Linderung dabei. Kenntnisse, die ausgekramt werden, um mich aufzureizen, können mich gelegentlich bereichern; und ich erfreue mich wenigstens einer zeitweiligen Nutznießung der Häuser und Bilder, der Parks und Gärten des reichen Mannes. Dagegen weist die Zurschaustellung ehelicher Glückseligkeit keine derartigen Tröstungen auf: sie ist durch und durch reine, uneingeschränkte und ungemischte Beleidigung.

Die Ehe ist in ihrem besten Sinn ein Monopol, das aber nicht im geringsten Neid erzeugt. Die Klugheit rät den meisten Besitzern eines ausschließlichen Vorrechtes, ihren Vorteil so weit als möglich außer Sicht zu halten, auf daß die weniger begünstigten Nachbarn den Segen kaum bemerken und sich nicht veranlaßt fühlen, dieses Vorrecht in Frage zu stellen. Diese verheirateten Monopolisten jedoch schleudern den mißliebigsten Teil ihrer Privilegien uns geradezu ins Gesicht.

Nichts kommt mir geschmackloser vor als die Selbstgefälligkeit und Selbstzufriedenheit, die aus den Mienen eines jungverheirateten Paares strahlen, besonders aus denen der Frau: sie will dir kundtun, daß ihr Los in dieser Welt entschieden ist, daß du dir keine Hoffnung mehr auf sie machen kannst. Es ist wahr, ich habe keine, noch wünsche ich – vielleicht – eine zu haben; aber auch dies ist eine jener Wahrheiten, die man, wie ich zuvor sagte, als gegeben betrachtet, aber nicht aussprechen soll.

Das übertriebene Gehaben, das diese Leute zeigen, gründet sich auf die Unkenntnis von uns Unverheirateten; es würde noch beleidigender sein, wenn es weniger unlogisch wäre. Wir wollen zugeben, daß die Verheirateten die Geheimnisse des Ehestandes besser verstehen als wir, die wir nicht das Glück hatten, ihres Bundes teilhaftig zu werden. Aber ihre Anmaßung gibt sich innerhalb dieser Grenzen keineswegs zufrieden. Wagt es ein Junggeselle, seine Ansichten in ihrer Gegenwart zu äußern – und sei es über einen völlig belanglosen Gegenstand –, so wird er sofort als unzuständig zum Schweigen gebracht. Eine mir bekannte junge Dame, die – und das ist das Beste an der Geschichte – erst vierzehn Tage vorher in den Stand der Ehe getreten war, unterhielt sich mit mir, wobei ich das Unglück hatte, eine andere Meinung als sie über die geeignetste Methode zu haben, Austern für den Londoner Markt zu züchten. Sie hatte die Stirn, mich mit überheblichem Lächeln zu fragen, wie ich als alter Junggeselle Anspruch darauf erheben könne, irgend etwas von solchen Dingen zu verstehen!

Das, worüber ich bisher gesprochen habe, ist jedoch nichts im Vergleich zu dem Aufheben, das solche Geschöpfe zu machen pflegen, wenn sie, wie es gewöhnlich geschieht, Kinder bekommen. Wenn ich bedenke, wie wenig selten Kinder sind, daß jede Straße und Sackgasse von ihnen wimmelt, daß die ärmsten Leute sie meistens im Überfluß besitzen, daß es kaum Ehen gibt, die nicht mindestens mit einem solchen Balg gesegnet sind, wie oft sie auf eine schiefe Bahn geraten und die zärtlichsten Hoffnungen ihrer Eltern zerstören, indem sie sich einem lasterhaften Lebenswandel ergeben, der in Armut, Schande oder am Galgen endet, und so weiter – so kann ich für mein Leben nicht einsehen, welcher Anlaß zum Stolz mit ihrem Besitz verbunden sein soll. Wenn es sich um junge Phönixe handelte, von denen nur einer im Jahre geboren wird, dann wäre vielleicht ein Grund vorhanden. Aber da es so viele davon gibt . . .

Ich halte mich nicht weiter auf bei diesem angemaßten Verdienst, mit dem sie und ihre Ehemänner sich bei solchen Gelegenheiten brüsten. Das soll *ihre* Sorge bleiben. Aber ich sehe nicht ein, warum sie von uns, die wir nicht ihre steuerpflichtigen Untertanen sind, förmlich erwarten, daß wir unsere Spezereien, Myrrhen und Weihrauch, unsern Tribut und unsere bewundernde Anbetung darbringen.

„Wie Pfeile in der Hand des Riesen, siehe, so sind die jungen Kinder", sagt der ausgezeichnete Vers unseres Gebetbuches, der für die Einsegnung der Wöchnerinnen bestimmt ist. „Glücklich der Mann, dessen Köcher wohlgefüllt ist." So sage ich. Aber dann laßt ihn bitte seinen Köcherinhalt nicht auf uns Waffenlose abschießen. Mögen Kinder wie Pfeile sein, aber sie sollen uns nicht ärgern und peinigen. Ich habe oft beobachtet, daß solche Pfeile doppelspitzig sind: sie haben zwei Zinken, so daß mit Sicherheit entweder die eine oder die andere trifft.

Wenn du zum Beispiel in ein Haus voller Kinder kommst und zufällig keine Notiz von ihnen nimmst (vielleicht denkst du an etwas anderes oder bleibst unberührt von ihren unschuldigen Zudringlichkeiten), so wird man dich als mürrisch und finster, als einen Kinderhasser verschreien. Wenn du sie andererseits ungewöhnlich nett findest, dich von guten Manieren einnehmen läßt und wirklich Lust hast, mit ihnen zu tollen und zu spielen, entdeckt man sicherlich den einen oder anderen Vorwand, um sie aus dem Zimmer zu schicken; sie sind dann zu laut oder ausgelassen, oder Herr ... hat Kinder nicht gerne. Mit der einen oder anderen dieser Zinken trifft dich der Pfeil bestimmt.

Ich könnte die eifervolle Sorge der Eltern verzeihlich finden und mir sehr wohl verkneifen, mit ihren Bälgern zu spielen, wenn es ihnen nicht paßt. Aber ich halte es für unbillig, wenn man von mir verlangt, sie gern zu haben, wo ich keinen Anlaß dazu sehe, eine ganze Familie zu lieben, vielleicht acht, neun oder zehn ohne Unterschied – alle die niedlichen Kleinen anzubeten, nur weil Kinder so entzückend sind!

Ich weiß, es gibt ein Sprichwort: „Liebe mich, liebe meinen Hund" – was nicht immer tunlich ist, besonders wenn der Hund aufgehetzt wird, dich zu belästigen, oder aus Übermut nach dir schnappt. Aber einen Hund oder ein geringeres Ding, einen unbeseelten Gegenstand – etwa ein Andenken, eine Uhr oder einen Ring, einen Baum oder den Platz, an dem ich Abschied nahm von meinem Freund, als er auf seine weite Reise ging – kann ich zur Not mit Liebe bedenken, weil ich den Freund liebe und all das, was mich an ihn gemahnt; vorausgesetzt, daß es seiner Natur nach ohne eigenen Anspruch und geeignet ist, von meiner Einbildungskraft erfüllt zu werden. Kinder jedoch haben einen wirklichen Charakter und ein wesenhaftes Sein in sich selbst. Sie sind liebenswert oder nicht liebenswert *per se*. Ich muß sie lieben oder hassen je nach ihren Eigenschaften. Ein kindliches Wesen ist eine zu ernste Sache, als daß man es als bloßes Anhängsel eines anderen Wesens betrachten und mit diesem zusammen lieben oder hassen dürfte. Kinder stehen auf gleicher Ebene mit mir wie jeder andere Mensch.

Oh, wirst du sagen, es ist doch zweifellos ein reizendes Alter, es liegt etwas in den zarten Kindheitsjahren, was allein schon bezaubernd ist. Das ist genau der Grund, weshalb ich meist so heikel ihretwegen bin. Ich weiß, daß ein liebes Kind das Süßeste auf der Welt ist, jene anmutigen Geschöpfe nicht ausgenommen, die sie gebären. Aber je reizender ein Wesen seiner Gattung nach ist, um so reizvoller sollte es in seiner eigenen Art sein. Ein Gänseblümchen unterscheidet sich in seinem Strahlenkranz nicht sehr von einem anderen; aber ein Veilchen sollte doch in Farbe und Duft am köstlichsten sein.

Ich war immer schon ziemlich wählerisch, wenn es um Frauen und Kinder ging.

Das ist alles noch nicht das Schlimmste: man muß zum wenigsten eines vertraulichen Umganges gewürdigt werden, ehe sie sich über mangelnde Aufmerksamkeit beklagen können. Das setzt jedoch Besuche voraus und eine gewisse Form ständigen Verkehrs. Wenn aber der Ehegatte ein Mann ist, mit dem du vor seiner Verheiratung auf freundschaftlichem Fuße gelebt hast – wofern du nicht als Freund seiner Frau eingeführt wurdest oder in ihrem Gefolge ins Haus eingeschlichen bist –, wenn du also ein alter, innig vertrauter Freund warst, lange bevor noch an eine Werbung gedacht wurde, dann sieh dich vor, deine Lage ist gefährdet! Ehe zwölf Monate ins Land gehen, wirst du spüren, wie dein Freund allmählich erkaltet und dir gegenüber verändert ist – und schließlich wird er eine Gelegenheit suchen, mit dir zu brechen. Ich habe kaum einen verheirateten Freund unter meinen Bekannten, sofern er nicht nach seiner Heirat mein Freund wurde, auf dessen feste Treue ich bauen darf. Nun kann eine Ehefrau bloße Bekanntschaft – mit gewissen Einschränkungen – gerade noch ertragen; aber daß der gute Mann es gewagt haben sollte, einen feierlichen Freundschaftsbund ohne Einholung ihres Rates zu schließen, obgleich es geschah, ehe sie ihn kennenlernte und ehe die beiden, die nun Mann und Frau sind, sich jemals begegneten – das ist ihr unerträglich. Jede verbriefte Freundschaft, jede alte, bewährte Zuneigung muß ihr vorgelegt werden und ihren Stempel erhalten, wie ein souveräner Fürst das gute alte Gold einziehen läßt, das von einer Regierung vor seiner Geburt, oder bevor jemand an ihn dachte, in Umlauf gesetzt wurde, um es neu zu prägen und mit dem Münzzeichen seiner Herrschaft zu versehen, ehe er es als Währung in die Welt gehen läßt. Du kannst dir vorstellen, welches Glück ein solches rostiges Stück Metall empfindet – so wie ich bei meinen Neustempelungen.

Unzählig sind ihre Mittel, um dich beleidigend anzugreifen und aus dem Vertrauen ihres Ehemanns zu verdrängen. Eine dieser Methoden besteht darin, über alles, was du sagst, mit einer Art Verwunderung zu lächeln, als ob du ein komischer Kauz wärest, der zwar bemerkenswerte, aber abgeschmackte Dinge sagt; zu diesem Zweck haben sie eine besondere Art, dich zu fixieren – bis endlich der Gatte, der dein Urteil mit Achtung aufzunehmen und gewisse Eigenheiten in Rede und Benehmen mit der dir geschenkten, alles verstehenden Zuneigung hinzunehmen pflegte, zu argwöhnen beginnt, ob du nicht doch nur ein Witzbold seiest, der als Kumpan seiner Junggesellentage gut genug gewesen ist, aber sich nun schicklich bei Damen nicht mehr einführen läßt. Diese Methode könnte die „fixierende Weise" genannt werden – sie wurde am häufigsten gegen mich zur Anwendung gebracht.

Es gibt ferner die „übertreibende Weise“ oder den Weg über die Ironie, der benutzt wird, wenn sie weiß, daß du dich der besonderen Wertschätzung ihres Ehemannes erfreust, der nicht so leicht in seiner beständigen, auf wirklicher Hochachtung beruhenden Zuneigung zu erschüttern ist, die er für dich empfindet. Alles, was du sagst oder tust, preist sie mit maßloser Übertreibung an, bis der gute Mann, der recht wohl versteht, daß alles nur ihm zu Ehren geschieht, jenes Gefühles der Dankbarkeit müde wird, das er solcher übereifrig-anerkennenden Aufrichtigkeit zu schulden glaubt. Indem er nun seinerseits gleichgültiger wird und in seiner Begeisterung für dich einen Pflock oder zwei herabsteckt, sinkt er schließlich auf die freundliche Ebene einer mäßig erwärmten Geneigtheit dir gegenüber herunter, auf jene „wohlaffektionierte und gefällige Ergebenheit“, in die sie nun selber aus schierer Sympathie einstimmen kann, ohne ihrem Gefühl allzuviel Gewalt antun zu müssen.

Eine andere Art (und sie kennen unendlich viele Wege zu einem so erstrebenswerten Ziel) besteht darin, sich mit einer unschuldsvollen Einfalt ständig über den Anlaß zu irren, der zuerst ihren Gatten für dich einnahm. Wenn seine Bewunderung für deinen ausgezeichneten Charakter jene Kette schmiedete, die zu brechen sie sich anschickt, dann wird sie wegen eines angeblich entdeckten Mangels an Würze in deinen Gesprächen ausrufen: „Ich dachte, mein Lieber, du sagtest immer, dein Freund,

Herr . . ., sei so geistreich?" – Hat er dich liebgewonnen wegen des besonderen Charmes deiner Unterhaltung und war er deshalb geneigt, über gewisse kleine Ungereimtheiten in deiner moralischen Haltung großmütig hinwegzusehen, dann bemerkt sie beim ersten Anzeichen einer solchen Ungereimtheit nur zu bereitwillig: „Und das, mein Lieber, ist dein guter Herr . . .!" Als ich mir einmal die Freiheit nahm, einer dieser geschätzten Damen vorzuwerfen, daß sie mir nicht ganz jenen Respekt erweise, den ich einem alten Freunde ihres Mannes gegenüber für angebracht hielte, gestand sie mir ganz offen, daß sie vor der Heirat ihren Mann oft von mir habe sprechen hören und den großen Wunsch gehabt habe, mich kennenzulernen, daß aber mein Anblick sie in ihren Erwartungen erheblich enttäuschte, weil sie sich nach den Schilderungen ihres Gatten einen gutaussehenden, hochgewachsenen Herrn, der einem Offizier ähnlich sehe (ich gebrauche ihre eigenen Worte), vorgestellt habe – das genaue Gegenteil habe sich jedoch als zutreffend erwiesen. Das war deutlich – und ich besaß meinerseits die Höflichkeit, nicht zu fragen, wie sie dazu komme, eine Vorstellung von den persönlichen Vorzügen der Freunde ihres Mannes zu hegen, die so sehr von seiner eigenen Erscheinung absteche; denn meines Freundes Maße stimmen mit meinen nahezu überein: er steht fünfeinhalb Ellen hoch in seinen Schuhen, und ich bin noch ungefähr einen halben Zoll größer; er läßt in Wesen und Haltung nicht mehr Andeutungen eines martialischen Charakters erkennen als ich.

Dies sind einige der Erniedrigungen, die ich bei dem absurden Versuche häuslichen Verkehrs über mich ergehen lassen mußte. Es wäre vergebliche Liebesmüh, sie alle aufzuzählen. Ich will daher nur noch eine weitverbreitete Unschicklichkeit streifen, deren sich verehelichte Damen schuldig machen, indem sie uns so behandeln, als ob wir ihre Ehemänner – und umgekehrt – wären. Ich meine, wenn sie uns vertraulich und ihren Männern förmlich begegnen. Testacea zum Beispiel hielt mich neulich abends zwei oder drei Stunden über die gewohnte Abendessenszeit zurück und regte sich über ihres Mannes Ausbleiben so auf, daß sie lieber alle Austern verderben ließ, als sich der Unhöflichkeit schuldig zu machen, auch nur eine in seiner Abwesenheit anzurühren. Das hieß gute Erziehung ins Gegenteil verkehren: Förmlichkeit ist eine Erfindung, die jenes beunruhigende Gefühl aus der Welt schaffen soll, das wir der Erkenntnis verdanken, selbst in geringerem Maße Gegenstand der Liebe und Schätzung eines Mitmenschen zu sein als ein anderer. Diese Förmlichkeit ist bemüht, durch erhöhte Aufmerksamkeit in nebensächlichen Dingen die neiderweckende Bevorzugung auszugleichen, die sie bei wichtigeren Gelegenheiten zu verweigern gezwungen ist. Hätte Testacea die Austern für mich zurückgehalten und ihres Mannes unglückseliger Absicht, auswärts zu soupieren, widerstanden, würde sie den strengen Regeln der Schicklichkeit gemäß gehandelt haben. Ich kenne keine Formalität, die Damen ihren Ehegatten gegenüber einzuhalten verpflichtet wären, wenn sie über ein bescheidenes Betragen und die Wohlanständigkeit hinausgehen. Daher muß ich protestieren gegen die übertriebene Willfährigkeit, mit der Cerasia die Gefräßigkeit ihres Gatten unterstützte, als sie an ihrem eigenen Tisch ihrem Manne am anderen Ende der Tafel eine Schüssel Morellen reichen ließ, mit der ich mich gerade besonders wohlgelaunt zu befassen gedachte, um dafür meinem keineswegs neugierigen Gaumen einen Teller wenig verlockender Stachelbeeren zu empfehlen. Ich kann auch nicht entschuldigen die böswillige Herausforderung der . . .

Aber ich bin es müde, alle meine verehelichten Bekannten hier – unter römischen Decknamen – aufzureihen. Sie sollen sich bessern und ihre Umgangsformen ändern, sonst verspreche ich, zum Schrecken aller ähnlich abgebrühten Beleidiger, demnächst ihre vollausgeschriebenen englischen Namen anzuprangern.

WEITVERBREITETE TRUGSCHLÜSSE

Daß wir mit der Lerche aufstehen sollen!

Wir sind nicht so naturkundig, um sagen zu können, zu welcher Minute genau jener kleine Luftmusikus die Nachtmütze abzieht und seinen unzeitigen Morgengesang anzustimmen sich anschickt. Uns einfachen Menschen, die zu keinen Orchesterproben von ihrem Bett fort zu derlei abwegigen Übungen gerufen werden, genügt zehn Uhr oder halb elf (besser noch elf in diesen Wintersonnwendtagen) als früheste Stunde, zu der wir daran denken mögen, unseren Pfühl zu verlassen. Wir denken daran, sage ich; bis wir es tatsächlich tun, bedarf es einer weiteren halben Stunde ernsthafter Überlegung. Nicht, als ob es draußen in der Welt ein paar Stunden vor der uns genehmen Zeit keine hübschen Sonnenaufgänge und ähnliche Prachtdinge besonders im Sommer gäbe, die man – wie wir hören – nur erleben kann, wenn man früh aufsteht. Aber nachdem wir ein- oder zweimal in vergangenen Tagen versucht wurden, solchen feierlichen Anlässen beizuwohnen, bekennen wir, daß sich unsere Neugier stark vermindert hat. Wir haben keinen Ehrgeiz mehr, bei dem Lever der Sonne als Höflinge zu erscheinen. Wir halten die ersten Stunden der Morgendämmerung für zu geheiligt, um sie mit solchen Diensten zu vergeuden, die fast etwas Heidnisches und Persisches an sich haben. Um die Wahrheit zu sagen, haben wir noch nie unsere Ruhezeit verkürzt und uns mit der Sonne erhoben (wie der Ausdruck lautet), um etwa eine Reise oder einen lächerlichen Tagesausflug anzutreten, ohne dafür mit Teilnahmslosigkeit und Kopfweh in den nachfolgenden langen Stunden zu büßen. Die Natur selbst tat uns zur Genüge ihre Meinung kund über die Anmaßung, unseren schwächlichen Tageslauf in Übereinstimmung bringen zu wollen mit den Schritten jenes himmlischen, ruhelosen Reisenden. Wir leugnen nicht, daß diese Aufbrüche bei Tagesanbruch sich zunächst ganz munter und herzhaft anließen. Es ist schmeichelhaft, der schlaftrunkenen Welt etwas vorauszuhaben, den Tod in seinem Abbild zu besiegen. Aber der Keim des Schlafes und der Sterblichkeit ruht in uns selbst, und wir zahlen meist die Strafe für unnatürliche Verirrung mit mancherlei Jammer, ehe denn die Nacht fällt. Da der arbeitsame Teil der Menschheit schnell in die Kleider fährt und sich hellwach in die Arbeit stürzt, zufrieden damit, den Schlaf in Bausch und Bogen verschlungen zu haben, entscheiden wir uns dafür, im Bette zu verweilen und die Träume zu verdauen. Dies ist die rechte Zeit, die wandernden Gestalten wieder zu sammeln, welche die Nacht in verwirrender Fülle bot, sie der Vergessenheit zu entreißen, sie zu kneten und zu formen. Manche Leute haben nichts von ihren Träumen. Wie schnelle Esser verschlingen sie sie alle in zu großen Stücken, ohne sie sorgsam zu kosten. Wir aber lieben es, dem Glanz entschwundener Bilder nachzusinnen, die verstreuten Strahlen leuchtenderer Visionen sorgsam zu sammeln, noch einmal mit stärkeren Nerven die traurigeren nächtlichen Tragödien zu spielen, einen sich sträubenden, verblassenden Nachtmahr ins Taglicht zu zerren und die Schrecken oder zarten Tröstungen näher zu betasten und zu prüfen.

Wir haben zu viel Achtung vor diesen geisterhaften Botschaften, um sie leichtherzig entschwinden zu lassen. Wir sind nicht so unklug und sorglos wie jener kaiserliche Vergesser seiner Träume, daß wir einen Seher benötigten, die Gestalten aufs neue zu beschwören. Sie scheinen von gleichem Gewicht wie unsere täglichen Sorgen und uns sogar noch inniger zu berühren, je näher wir selbst mit den Jahren jener Schattenwelt kommen, der wir unaufhörlich zueilen. Wir haben den Geschäften dieser Welt Valet gesagt; sie liegen hinter uns, wir haben uns ihrer entledigt. Warum sollten wir aufstehen? Wir haben weder Prozesse zu führen noch Verhandlungen abzuwickeln. Für uns ist das Schauspiel mit dem vierten Akt zu Ende. Wir haben hier nichts weiter mehr zu erwarten als nach einer kurzen Weile das Krankenbett und – den Abschied.

Wir freuen uns, den Tod im voraus zu begrüßen

in jenen Schatten, wie die Nacht sie bringt. Wir sind mit Geistern schon halb vertraut. Wir waren nie sehr zu Hause in dieser Welt. Die Enttäuschung zog früh den dunklen Schleier zwischen uns und ihren schillernden Wahngebilden. Unser Lebensmut ward grau, eh noch die Haare erblichen. Die gewaltigen Erschütterungen der Welt dünken uns nur nichtiges Zeug, aus dem man Dramen macht. Wir haben vom Leben mehr nicht gefordert, als was die Mimen im Theater uns zeigten. Und selbst deren Gestalten sind immer blasser geworden. Es ist, als habe unsere Stunde schon geschlagen. Wir sind *überaltert*.

In dieser Anspruchslosigkeit irdischen Genügens schließen wir Bündnisse mit den Schatten. Es ist gut, Freunde bei Hofe zu besitzen. Die nebelhaften Medien der Träume sind keine schlechten Geleiter zu jenem geisthaften Dasein, in das wir in Kürze einzugehen erwarten. Wir suchen ein weniges in Erfahrung zu bringen von den Gebräuchen jener Siedlung, die Sprache und Gesichter kennenzulernen, die wir drüben antreffen werden, um bei der ersten Ankunft nicht so fremd zu sein. Gern nennen wir Phantome Freunde, da wir ja wissen, wie bald wir in deren dunklem Kreis weilen werden. Und daher hegen wir die Träume. An ihnen üben wir das Alphabet der unsichtbaren Welt und denken, wir wüßten schon, wie es dort mit uns bestellt sein wird. Die wunderlichen Schatten, die uns erschreckten, als wir im Fleische wandelten, wurden Vertraute.

Wir fühlen uns schwinden in ihr blutloses Wesen und reichen zum stillen Einverständnis den Geistern die Hand.

Einst glaubten wir, das Leben bedeute etwas; aber es fiel vor der Zeit unmerklich von uns ab. Deshalb wählen wir den spielerischen Umgang mit den Träumen. Die Sonne leuchtet uns nicht mehr zu eigenen Zielen. Warum sollten wir aufstehen?

Daß wir mit den Hühnern schlafen gehen sollen!

Nie haben wir den tieferen Sinn dieses Übereinkommens ganz verstanden noch die Weisheit der Ahnen begriffen, die uns zur Belehrung auf die gefiederten Bettgenossen verweisen. Ein Huhn hat, wenn es dunkel wird, nichts weiter zu tun als seine törichten Augen zu schließen und zu schlafen – wenn es kann. Der Mensch dagegen erfand lange Sechserkerzen.

Heil dem Kerzenlicht! Du bist die freundlichste aller drei Leuchten, strahlender Statthalter der Sonne, sanfter Verweser des Mondes!

Wir lieben es, bei Kerzenlicht zu lesen, zu plaudern, schweigsam zu sitzen, zu essen und zu trinken, zu schlafen. Die Kerze ist jedermanns Sonne und Mond. Sie ist unser eigener häuslicher Planet. Ungesellig-wüste Nächte müssen unsere Vorfahren verbracht haben, wenn sie in ihren Höhlen und lichtlosen Wallburgen überwinterten! Wie müssen sie im Düstern schlecht gelegen und sich gegenseitig angeknurrt haben! Welche geistvollen Reden konnten denn schon hin und her fliegen, da man jedem Lächeln eigenhändig nachfühlen und des Nachbarn Backen erst betasten mußte, um sicher zu sein, daß er den Witz verstand?

Dies erklärt den humorlosen Ernst der älteren Poesie. Sie hat einen gewissen düsteren Zug (man denke nur an Hesiod oder Ossian), der sich von der finsteren Überlieferung jener laternenlosen Nächte herleitet. Der Scherz kam in die Welt erst mit den Kerzen. Wir würden gern wissen, wie es den Ahnen gelang, eine Nadel im Dunkeln aufzuheben, wenn sie überhaupt welche hatten. Wie mögen sie zu Abend gegessen haben? Welches Durcheinander von Zufällen mag nur beim Fleischschneiden entstanden sein? Hier bekam einer ein Ziegenbein, wenn er eine Pferdekeule haben wollte; dort tauchte ein anderer die hohle Hand in einen Lederschlauch mit wildem Honig, als er Stutenmilch zu schöpfen gedachte. Natürlich läßt es sich in solchem Gewirr weder gut essen noch gut trinken. Das kann jeder an sich selbst erfahren, der in einem sparsamen Hause nach der Dämmerung sich zu Tische setzt, zu essen beginnt und auf Duft und Geschmack wartet – bis die Lichter kommen. Die Sinne sind im Geben und Nehmen aufeinander angewiesen. Kannst du im Dunkeln Schweinefleisch vom Kalbfleisch unterscheiden oder Sherry von reinem Malaga?

Nimm dem Raucher das Licht fort; er merkt allein an der glimmenden Asche, daß er noch raucht, also nur durch Überlegung, bis die zurückkehrende Helligkeit dem Geruch zu Hilfe kommt und beiden Sinnen das volle Aroma offenbart. Dann pafft er mächtige Wolken um sich, dann strahlt er wieder!

Es geht nichts über das Lesen bei Kerzenlicht. Wir haben den Stimmungsgehalt eines Buches in mittäglichen Gärten und schwülen Lauben zu erproben versucht, aber es war verlorene Mühe! Die lustigen Sonnenstäubchen kommen über dich, umschweben und necken dich wie gewisse kokette Mädchen, die dich ganz und gar haben wollen und auf dein Vertieftsein eifersüchtig sind.

Bei mitternächtlichem Lampenschein filtert der Dichter seine Eindrücke. Beim gleichen Lichte müssen wir sie lesen, wenn wir die Flamme und den Duft spüren wollen. Was von der Wirkung des Phoebus erzählt wird, ist reines Blendwerk. Kein wahres Gedicht verdankt seine Geburt dem Sonnenlicht. Es gibt ja nur abgezogene Schöpfungen: „Dinge, deren Wehen und Geburt niemand je sah als vieler stiller Nächte stummer Kerzenschein."

Gewiß, Tageslicht – das Tageslicht kann uns mit Bildern versorgen und dem groben Stoff; aber die schöne Gestaltung, das rechte Schleifen und Feilen (wie es mein Autor versteht), verdankt dem Licht der Kerze ihr belebendes Funkeln. Dies innerliche sanfte Licht, das die Inspiration erleuchtet wie das Feuer den häuslichen Herd, erlischt im Sonnenschein. Nur die Nacht und das Schweigen rufen die Sternenphantasien herauf.

Wir möchten sogar wetten, daß Miltons Morgenhymne im Paradies um Mitternacht entstanden ist. Auch Taylors farbenreiches Bild vom Sonnenaufgang riecht entschieden nach dem Wachslicht. Selbst wir stimmen in diesen unseren bescheideneren Nachtstücken die wohlabgemessenen Kadenzen (denn auch die Prosa hat ihre Rhythmen) nicht selten nach dem Zauberlied des schläfrigen Wächters, „der die Haustüre segnet“, oder nach dem wilden Sausen des mitternächtlichen Windes. Eben jetzt umschmeichelt ein erhabenerer Gedanke, als wir ihn je gefaßt, unser ernstliches Streben: Wir wollen etwas über das Sonnensystem dem Papier anvertrauen.

„Betty, bring die Kerzen!“

NACHWORT

> Wie wenig bleibt übrig von den wortgewaltigsten Autoren! Von allem, was sie zu Lebzeiten sagten oder taten, nur wenige strahlende Worte.
>
> *Essays von Elia 1823*

Lamb wurde am 10. Februar 1775 im klösterlichen Bezirk des Londoner Temple als Sohn des Haussekretärs eines Senators geboren. Obgleich er früh Reichtum und Fülle adeliger Häuser sah, blieb er zeitlebens einem maßvollen Wesen treu. Er wußte und bewies, daß man weder hochgeboren noch wohlhabend auf die Welt kommen muß, um Schönheit und Adel recht zu würdigen.

Im Schulinternat von Christ's Hospital erhielt der Knabe eine gute Ausbildung. Mitten im Herzen der Hauptstadt wuchs er in sich gekehrt, aber glücklich auf, für immer und tief vertraut mit den altersgrauen stillen Winkeln und den lärmenden, überfüllten Straßen Londons. Mit fünfzehn Jahren begann er die Kaufmannslehre bei der Südsee-Gesellschaft, um als ernster Mann dreiunddreißig Jahre lang auf dem hohen Schemel in der staubtrockenen Rechnungsabteilung des Ostindienhauses zu hocken – einer der vielen tausend unauffälligen

Angestellten im schwellenden Geschäftsleben der Weltstadt, den im Büro wie schon auf der Schule jeder nur unter Zufügung des Vornamens ansprach: „Karl Lamm."

Der Jüngling verliebte sich in Ann Simmonds aus Blenheim in Hertfordshire – jene nie vergessene Alice W. seiner lyrischen Essays, die später den Pfandleiher Bartrum heiratete, als Lamb selbst den großen Verzicht geleistet hatte. Mit vierundvierzig Jahren näherte er sich der befreundeten Schauspielerin Fanny Keller mit einem Heiratsantrag, wurde aber liebenswürdig abgewiesen. Es blieb für Frauen nur *ein* Platz in seinem Herzen.

Ohne gewichtigere Ereignisse als einmalige Reisen nach Oxford, Cambridge und Paris verlief sein nach außen so eintöniges Leben im geliebten London, in dem er nach der Pensionierung (1825) noch eine achtjährige literarische Muße mit Würde verbrachte. Als geborener Stadtmensch, als Romantiker der Großstadt, vermochte er – wie Dante Gabriel Rossetti – dem von seinen Dichterfreunden überschwenglich gefeierten Landleben keine Reize abzugewinnen. Kurz vor seinem stillen Abschied am 29. Dezember 1834 wohnte er im Londoner Vorort Edmonton, wo er begraben liegt.

Lambs Schicksal ist durch den Fluch einer Familie gezeichnet, in der die Geisteskrankheit erblich war. Sie hat ihn selbst mit einem entscheidenden Schlage angerührt: der Anfall brachte den zwanzigjährigen, sich eben entfaltenden Jüngling für sechs

Wochen in die Anstalt, damit aber sein ganzes Leben, sein Dichten und sein Lieben in eine melancholisch-gelassene Selbstversponnenheit hinein, in ein tiefes Entsagen nach erkämpftem Verzicht. Der Widerhall dieser grausamen Erfahrung tönt in seinen Briefen fort, in denen er jedem eigenen Anspruch auf poetisches Schaffen abschwor. Es gelang seinen Freunden, ihn zu trösten und zu ermutigen. Da erstach seine zehn Jahre ältere Schwester in einem plötzlichen Ausbruch der Erbkrankheit die eigene, bettlägerige Mutter mit einem Tischmesser und verwundete den schon senilen Vater, der bald darauf starb. Von diesem schrecklichsten Augenblick an übernahm Charles die volle Verantwortung für die geliebte mütterliche Schwester Mary – die treue Bridget seiner *Essays von Elia.* Das Leben wurde zu einem nie unterbrochenen Opfergang für sie, deren warme, verständnisbereite Seele in den Jahr für Jahr wiederkehrenden, wochenlangen Umnachtungen ständig gefährdet blieb, während ihn die selbstgewählte Bürde immer stärker und tiefer werden ließ. Von dem Menschen Lamb bleibt dies das erschütterndste und schönste Bild: wenn seine Schwester einen neuen Anfall nahen fühlte, legte er ihre Sachen in ein Bündel, nahm sie an die Hand, und unter Seufzern und Tränen gingen beide den traurigen Weg über die grünen Felder in die graue Anstalt. Mary, die wie er Bücher und Bilder, Schauspiele und Gespräche leidenschaftlich liebte, starb lange nach ihm als Zweiundachtzigjährige. Sie beide vereinte dasselbe schattige Grab des Vorstadtfriedhofes.

Der ältere Bruder John, den Charles als „den eigenartigsten der Elia-Familie", als James Elia, trefflich schilderte, war 1821 ungefährdet dahingegangen nach einem bequemen Leben, in dem er sich keinen Augenblick lang um die ihm Nächsten gekümmert hatte.

Allen Schönheiten der trostreichen Vergangenheit von Herzen zugetan, hat Lamb früh fast unbegangene Wege über die Klassische Schule zurück in die englische Literatur des sechzehnten und siebzehnten Jahrhunderts gefunden. Er liebte die altertümlichen Meister, den entzückend gelehrten Sir Thomas Browne, den erfrischend-naiven Isaak Walton. In seinen kritischen Essays erweckte er lang vergessene Schriftsteller, die immer noch zu den eigensten und reinsten Geistern Englands gehören, zu neuem Leben; indem er sie mit seinem Schaffen und also mit der lebendigen Literatur verwob, erschloß er sie seinen Freunden und seinem Volk.

Freundschaft bedeutete seiner begeisterungsfreudigen Natur unendlich viel. Neben eine umfangreiche „Sammlung" zufälliger Bekannter, die seine – bei aller Entschiedenheit der persönlichen Neigungen – warmherzige Aufgeschlossenheit und wahrhaft noble Gastfreundschaft anzog, trat der engere Kreis der „intimados", der sich an den gerühmten Donnerstagabenden in seiner oft wechselnden, aber dank Mary immer anheimelnden Wohnung zu lebhaften Literaturgesprächen und eifrigem Kartenspiel, zu einem ausgiebigen Glase Wein am Kaminfeuer, zur Schnupftabaksdose und der von Lamb als geliebte Feindin gepriesenen Tabakspfeife zusammenfand: Bücherwürmer, Kritiker, Schriftsteller, schrullige Einzelgänger, darunter Berühmtheiten neben einigen weniger Respektablen, die der Gastgeber – wie immer leicht stotternd – mit lächelnder Treffsicherheit und überraschenden, oft phantastisch aufleuchtenden Scherzen unterhielt. Mehrere Essays von Hazlitt und de Quincey, die ihn schon 1804 kennenlernten, die Erinnerungen Leigh Hunts, zahlreiche Nachrufe weiterer Freunde zeugen von der tiefen, zum Nachdenken wie zum Widerspruch reizenden Wirkung seiner quicklebendigen Persönlichkeit. Von größerem Gewicht aber blieb die auf innerer Verwandtschaft ruhende Verbundenheit mit der ersten Generation der englischen Romantiker. Bereits 1795 machte ihn sein liebster Schul- und Lebenskamerad Coleridge mit Southey bekannt, zu denen sich bald der fünfundzwanzigjährige Wordsworth gesellte. Lamb, der erste Freund dieser „See-Dichter", half mit seinem befeuernden Zuspruch und seinem ernst würdigenden Urteil, wofür sie ihm mit herzlicher Ergebenheit, mit Briefen und Widmungen dankten.

Er lebte „eines der tapfersten und glücklichsten Leben in England" mit einem Lächeln voll schmerzlicher Süße, das aus dem Feuer heraus gerettet war und das er den Widerwärtigkeiten des Daseins, der Krankheit, dem Unverstand, dem Schicksal der ihm Liebsten, seiner schmerzlich errungenen dichterischen Bescheidung entgegenhielt und zu einem Humor aus der Tiefe verdichtete, der den Zeitgenossen so liebenswert wurde, wie er es heute noch ist – auch wenn er dem welthaltigen höchsten Lachen kein schöpferisches Genüge tat und tun wollte.

Von Lambs frühen Arbeiten sind heute – in England wie in Deutschland – nur die ursprünglich für die Jugend bestimmten, mit Mary 1807 gemeinsam verfaßten *Nacherzählungen Shakespearescher Dramen* und allenfalls seine *Abenteuer des Odysseus* einer breiteren Leserschaft vertraut. Nach der Veröffentlichung erster *Gedichte* – gemeinsam mit Versen Coleridges (1796) und Lloyds (1798) – wandte sich Lamb mit der Novelle *Rosamund Gray* der Prosa zu; neben den rührend schlichten Verseschmied, von dem nur ein einziges Gedicht in allen englischen Anthologien weiterlebt, trat der wenig glückhafte Tragödienschreiber (*John Woodvil*, 1799). Als kritische Wegweiser in die ältere Dichtung kennen die Fachleute seine Proben englischer Dramatiker aus der Zeit Shakespeares (1808) und die für Leigh Hunts *Reflector* 1811 geschriebenen Studien über *Shakespeares Tragödien* und den *Genius des Maler-Kupferstechers Hogarth.* In dieses Jahr 1811 – und die genannte Zeitschrift – drängen sich die ersten wesentlichen Kunstübungen des wachsenden Meisters zusammen, die er *Essays* (Versuche) nannte. Wenn er in den nächsten Jahren auch mitten im Strom seiner zeitgenössischen Literatur treibt, sind seine 1818 erscheinenden, dem innig geliebten und im gleichen Jahre mit ihm verstorbenen Coleridge gewidmeten Werke in zwei Bänden wahrscheinlich doch als Abschluß seiner dichterischen Laufbahn gedacht gewesen. Mit einem unauffällig-leichten, aber endgültigen Schritt gewann er danach erst sein eigenstes Schaffensfeld: im Alter von fünfundvierzig Jahren fand sein Sinnen und Betrachten die ihm gemäße Form. Vom August 1820 bis 1823 und weiter bis 1825 entstanden jene einzigartigen, viel bewunderten Essays unter dem Namen „Elia", die ihn „zum Helden des London Magazine" machten –: ein sehr auszeichnendes Lob der Zeitgenossen, wenn man sich erinnert, daß an dieser soeben gegründeten Zeitschrift William Hazlitt als Kritiker tätig war, Thomas de Quincey ihr die *Bekenntnisse eines Opiumessers* und seine Entdeckung des *Genius Jean Pauls* anvertraute, Carlyle mit einer Arbeit über *Leben und Werke Schillers* zum ersten Male hervortrat, John Keats, Montgomery, Thomas Hood, John Clare hier ihre Gedichte mitteilten.

Während Lamb, der ständig nach Methodistenart bis auf die Strümpfe schwarz Gekleidete, von einem Quäker als schierer Freigeist verdächtigt wurde, weil er die „süße Sicherheit der Straßen" nicht weltabgewandt und streng verwarf, widerfuhr ihm mit einer Einladung des Lord Mayor von London zu einem Essen im Mansion House die größte Ehrung seines Lebens! Trotz aller Wertschätzung blieb der Anklang enttäuschend, den die 1823 als Buch neugedruckten *Essays von Elia* in England fanden – gegenüber dem erfreulichen Erfolg des fünf Jahre später in Amerika herausgekommenen Raubdruckes. Die ein Jahr vor seinem Tode in Buchform veröffentlichten weiteren rund fünfundzwanzig *Letzten Essays von Elia* hatten ein gleiches Geschick.

Lambs Werk erwuchs aus dem Nachsinnen über das traurige Geheimnis von Zeit und Vergänglichkeit, von dem sein höchst empfindsames Herz bis zum Verstummen nicht freikam. Das eigene Schicksal schenkte ihm die schmerzliche Erfahrung, die den tiefen, bei aller Zartheit eindringlichen Widerhall jeden menschlichen Leides in ihm wachrief. Es lehrte ihn die Stimmungen empfinden und Gefühle aussagen, von den rührend-einfachsten bis zu jenen phantasievoll-absonderlichen, die der Romantik so teuer waren – doch ohne deren Fieber und Leidenschaft. Seine fast heldenmütige Bescheidenheit zügelte jeden grellen Ausbruch. Auf das Treffsichere der Gefühlsschattierung zielte in steter Verhaltenheit sein Sinn für beziehungsvolle Werte und Stufungen, seine Kraft der Beobachtung und ein Humor, mit dem nur wenige Schriftsteller so tief und intim durchdrungen waren, dessen aber auch wenige so wie er zur Behauptung der eigenen Persönlichkeit bedurften.

Nicht der nüchtern-unpersönliche, moralisierende Essay, wie ihn zuletzt Samuel Johnson hinterlassen, wohl aber der von Montaigne belebte wird von Lambs Künstlerhand umgeformt zum ausdrucksvollen Mittel einer ständigen Selbstenthüllung. In der von ihm geschaffenen Gestalt des Elia, seines *alter ego*, erleben wir die Erinnerungen und Begebenheiten, Bücher und Schauspiele, Meinungen und Charaktere, die Komödien und Dramen des Lambschen Alltags. Elia ist die besondere Antwort seiner feinbesaiteten Seele auf das Leben. Ohne sich selbst je zum einzigen Thema zu nehmen und bei den eigenen Erlebnissen auszurasten, spricht Lamb immerdar von sich selbst – ohne jede Eitelkeit, ohne die Eigenliebe der großen Egoisten und fanatischen Egotisten, mit der guten englischen „Untertreibung" und aus der klugen Zurückhaltung eines überlegenen Kopfes, der sich der Illusion bewußt bleibt, die doch auch jedem eigenen Schaffen innewohnt, und noch in das unvermeidliche Selbstbemitleiden einen glitzernden Tropfen Ironie einfließen läßt.

Lamb ist kein Moralist und kein Psychologist, er treibt keine abgründige Seelenforschung und gibt nicht nur Bekenntnisse: er ist vor allem Künstler, der kein anderes Ziel kennt, als sich und dem Leser Vergnügen zu schenken. Aber jede Kunst schenkt mehr; bei aller Anspruchslosigkeit bewährt sich Lambs Künstlerschaft darin, daß sein Werk erhebt und edler macht, ohne je diese Absicht auch nur anzudeuten. Er arbeitet behutsam mit sorgfältig verborgenen, klug an den alten Autoren geschulten Mitteln, deren Zusammenspiel genau überlegt und meisterhaft gelenkt ist. Jeder Essay wird so zu einem kleinen Wunderwerk gefeilt, in dem Stimmung und Nachdenklichkeit, Phantasie und Witz weben, um Atmosphäre zu schaffen, die mitunter bei unerwarteten Blitzen oder fernem Wetterleuchten ihre eigentliche Dichte erkennen läßt. Oft hat er den feierlichsten Ernst als eine weitere Maske seines erfindungsreichen Geistes benutzt, um den Freunden verblüffende Täuschungen zu bereiten. Er ist bei fingierten Tagebüchern und Werkproben alter Meister, bei Nachrufen und Lebensläufen zeitgenössischer oder erfundener Persönlichkeiten nicht stehengeblieben, sondern mehrfach bis zu höchst kritischen „postumen“ Würdigungen seiner selbst gediehen.

Lambs Stil gewann in einer unablässigen, auf Geschmeidigkeit und Biegsamkeit gerichteten Übung seine Vollendung. Bei der nächtlichen Schöpfung seiner Miniaturen wurden Wortstellung und Tonfärbung, Logik oder Zerfahrenheit der Erzählung zu Mitteln einer ungewöhnlich wandlungsfähigen Ausdrucksskala. Die als höchste geltende Kunst des Schriftstellers war ihm eigen: Selbstbeherrschung. Dazu besaß er vollkommene Sicherheit des Geschmackes und die noch seltenere Fähigkeit, rechtzeitig aufzuhören.

Charles Lamb, einer der stillsten und feinsten